U0850990

百家说廉

韶关市纪委监委
韶关市委党史研究室 编著

南方日报出版社
NANFANG DAILY PRESS
中国·广州

图书在版编目（CIP）数据

百家说廉 / 韶关市纪委监委，韶关市委党史研究室编著. -- 广州 : 南方日报出版社，2025. 6. -- ISBN 978-7-5491-3051-1

Ⅰ. D630.9-49

中国国家版本馆 CIP 数据核字第 2025LA8669 号

BAIJIA SHUO LIAN

百家说廉

编　　著：韶关市纪委监委　韶关市委党史研究室
出版发行：南方日报出版社
地　　址：广州市广州大道中 289 号
出 版 人：周山丹
出版统筹：阮清钰
责任编辑：张　高　李　哲　黄敏虹
责任技编：王　兰
装帧设计：肖晓文
责任校对：阮昌汉
经　　销：全国新华书店
印　　刷：广东信源文化科技有限公司
成品尺寸：175 mm×245 mm
印　　张：13.25
字　　数：200 千字
版　　次：2025 年 6 月第 1 版
印　　次：2025 年 6 月第 1 次印刷
定　　价：32.00 元

投稿热线：（020）87360640　　**读者热线：**（020）87363865

发现印装质量问题，影响阅读，请与承印厂联系调换。

序

让姓氏家风与廉洁文化相融共生

加强廉洁文化建设，是新时代推进党的自我革命必须长期抓好的政治任务，也是全面从严治党的重要抓手。习近平总书记在二十届中央纪委二次全会上强调，“加强新时代廉洁文化建设，涵养求真务实、团结奋斗的时代新风”。中共中央办公厅印发的《关于加强新时代廉洁文化建设的意见》明确提出，新时代廉洁文化需“以中华优秀传统文化涵养克己奉公、清廉自守的精神境界”，同时“把家风建设纳入领导干部作风建设的重要内容”。

厚植好家风，润廉细无声。韶关珠玑巷素有“中国三大寻根地之一”“中华文化驿站，天下广府根源”之美誉，其悠久的姓氏文化与优良的家风家训传统，千百年来深刻影响着岭南社会。今日韶关，宗祠家庙的门联匾额、族谱家书的文字记载、史籍方志的人物事迹，无不彰显清廉家声与高洁风范。唐代贤相张九龄以耿直清正垂范后世，立“金鉴家声”为官箴；北宋名臣余靖刚正威严，其“从政六箴”至今警醒世人，被誉为“千年风采，一代名臣”；清代衢州知府林明伦“三年知府，竟无完衣”，令始兴斗塘林氏“九牧世第，翰苑家风”熠熠生辉。先辈以脊梁为尺、言行作墨，潜移默化滋养后世，优良家风由此薪火相传。宋代翁源梅鼎臣任翰林院侍读学士，清正敢谏；其子梅佐继任藤州知府，父子双进士并称“理学名臣”。明代乐昌白思谦官至山西右布政使，勤政为民，时人誉之“韩琦、范仲淹再生”；其侄白纯素、孙白莹亦以勤廉青史留名。

家风正则民风淳，官风廉则国风清。传统姓氏文化与家风家训，对个人品德塑造、家庭伦理维系及社会秩序构建具有深远意义。

本书立足中华优秀传统文化，深挖韶关姓氏家风资源，系统梳理其中廉洁文化基因，为新时代廉洁文化建设提供本源性与本土性兼具的阐释视角，着力打造特色廉洁文化品牌。全书以韶关姓氏文化为脉络，串联历代清官廉吏勤廉事迹与家风传承，突出姓氏源流、人物典故、家训廉箴的在地性，以轻快简明、亲切可感的文本提升阅读体验，增强廉洁文化的传播力和感染力。

出版此书，旨在促进优良家风与廉洁文化相融共生，激发家庭在廉洁文化构建中的基础作用，助力以优良家风带党风、促政风、正社风。

是为序。

2025年6月

目　录

编写说明

本书通过挖掘韶关南雄珠玑巷姓氏文化资源，系统梳理各姓氏源流谱系，精选家训廉规，辑录古今贤哲廉洁故事，全面展现岭南地区深厚的廉政文化传统。

一、体例说明

全书收录100个姓氏，按《通用规范汉字表》笔画顺序排列。各姓氏均配传统图腾图案（来源：中国家谱网数据库）。注：伦、招、源、禤等4姓因史料阙如，暂缺图腾配图。

二、入选人物

韶关籍历史名人、在韶任职的清廉官员、经珠玑巷南迁的姓氏代表人物。

三、内容架构

各姓氏条目采用统一编纂体例。郡望堂号：考据姓氏郡望与堂号源流；人物列传：重点记述代表性人物的廉洁事迹，突出其清廉品格与为民情怀；家训选编：精选符合现代价值观的廉洁家规家训；廉箴辑录：收录本姓历史人物的廉政格言，包括入选人物名言和同姓先贤经典廉洁语录。

四、文献说明

本书编纂主要参考文献：地方志书（《韶州府志》《直隶南雄州志》《曲江县志》等）、姓氏族谱（珠玑巷各姓族谱）、金石碑刻（各类碑记）、历史典籍（《广东新语》《粤大记》等），因篇幅和体例所限，恕不逐条标注，谨此致谢。疏漏之处，敬请指正。

希望本书能让读者进一步了解岭南廉政文化的深厚底蕴，以史为鉴，涵养家风，助力清廉社会建设。

特此说明。

马

铜柱家声 先施以诚

郡望：扶风郡、京兆郡、临安郡、西河郡

堂号：铜柱堂、绛纱堂、回升堂、孝后堂

廉洁人物：马南宝、马应彪

马姓源流多元，主要源自嬴姓、子姓及少数民族改姓等。其中，赵国宗室赵奢为马氏得姓始祖，因其封地位于马服（今河北邯郸西北），人称马服君，其后代遂以“马服”为姓氏，后简化为单姓“马”。清康熙《乐昌县志》记有东汉伏波将军马援征南越，在经过乐昌时写下《武溪深行》。宋代，马氏自珠玑巷南迁，今主要分布在广州、佛山、中山、江门、阳江等地。

中山市南区沙涌村绝大多数居民姓马。在各地的马氏宗祠、族谱中，常提及“铜柱家声”这一典故。该典故源自东汉伏波将军马援为国平乱、立铜柱确立当时中国最南疆的事迹。马姓族人铭记“铜柱家声”，寓意以正直家风、报效国家为世代勉励。1987年，画家马中应政府委托，于沙涌村口重建一座琉璃瓦顶牌坊，正面题“宋帝遗迹”，背面书“侍郎故里”。该牌坊原立于1919年，是沙涌村民为纪念邑人马南宝而建。明嘉靖《香山县志》记载：“马南宝，沙涌人，家饶于财，而能读书好义，尤工于诗。”1277年，宋端宗赵昰为躲避元军追兵逃至香山，马南宝献粮千石以饷军。1280年初，马南宝与招讨使黎德、梁起莘起兵运粮往迎车驾，梁起莘反叛归降元朝，黎德与马南宝讨伐叛军，战败，马南宝被捕不屈，壮烈殉节，年仅36岁。明清两朝均追表其忠，崇祀乡人。

马南宝逝后620年，即1900年，其后人马应彪集资2.5万元，在香港开设先施百货商店，店名取自《中庸》“先施以诚”，意即经营之道，必先以诚待人，方能取信于人。马应彪极力提倡明码实价，划一不二，顾客按价选货。此举打破中国传统经商之窠臼，初时虽受质疑，但不久便赢得信誉，吸引众多顾客，开创了民族百货业的新路向。此外，在“实业救国”的号召下，马应彪在回内地经商的同时，也追随孙中山奔走革命。他加入孙中山创立的兴中会，并专管起义急用的军需。而这些军需，多须马应彪自掏腰包。从1906年至1911年武昌起义，同盟会发动多次起义，其中经费多通过马应彪设立的两个“金山庄”送达革命者手中。

为纪念其父，1933年，马应彪在沙涌村建起马公纪念堂。这座意大利式建筑如今为中山市家风家教实践基地，内设马南宝雕塑、马南宝勤王壁画以及马应彪纪念展厅等。以德治家、以学兴家、文明立家、忠厚传家，一代又一代沙涌人既承恩泽于“铜柱家声”，也践行着“先施以诚”的处世之道。

家训

事双亲，孝德彰。教儿孙，有义方。对昆仲，多商量。交朋友，择善良。遵法纪，守规章。恶要改，善要扬。

——南雄马氏家训

廉箴

黄屋匡扶事已非，遗黎空自泪沾衣。众星耿耿沧溟底，恨不同归一少微。

——宋·马南宝《哭祥兴帝二首·其二》

王

三槐世第 清节流芳

郡望：太原郡、琅琊郡、京兆郡、河东郡

堂号：三槐堂、槐荫堂

廉洁人物：王式

王姓是韶关大姓。关于王姓起源，各种说法不一。一种说法认为王姓出自姬姓，据《通志·氏族略》及《新唐书·宰相世系表》记载，姬姓王氏一支为周文王第十五子毕公高后裔；一支为周灵王太子晋后裔，其后人由洛阳迁居于太原、琅琊，被称为太原王氏和琅琊王氏；一支为周平王太孙姬赤后裔。另有王姓出自子姓、妫姓的说法。曲江王姓清廉为官的代表人物王式，出自太原王氏，为唐贞观年间宰相王珪后裔，因王珪的儿子王敬直被贬岭南后落籍曲江，王氏成为当地望族。

王式，字用之，北宋曲江（今韶关市区）人。王式十四岁时父母早逝，从小就养成了自立自强的个性，做事有主见。他以学问和品行著称，多次参加会试不中，按照当时的政策，三次参加会试不中的可以举荐任职，但他坚持科考。宋天圣二年（1024），王式又一次进京会试。那一年，曲江学子满载而归，王式、余靖、黄正、梅鼎臣四人齐中进士，轰动朝野。王式中进士后，先后担任秘书省校书郎，广州、虔州、南安司理参军，大理寺丞，知永新县，梅州知州。王式清廉公正，一心为民，受人颂扬，与和他同榜的进士、北宋名臣余靖被并称为“南州领袖”。

王式在任司理参军期间，掌管一州的狱讼。他认真审阅每一个案件，对有疑问的案件反复研究、审理，使不少冤案得以昭雪，将真正的罪犯绳之以法。涉案者家人给王式送礼，企图减轻刑罚，都被王式严词拒绝，他说犯了律法就得接受处罚，哪有用钱财买通国法的道理。王式在永新知县任上，派兵征剿盗寇，采取“首恶者必究，胁从者从宽”的策略，平息了县内盗贼作乱，让百姓过上安宁的生活。他兴修水利，鼓励乡民垦荒种田、大养牲畜、种植经济作物，造福民生。宋景祐五年（1038），王式擢升为梅州知州。因过于劳累，积劳成疾，加之到任后又立即到乡下了解民情，导致疾病复发去世，时年65岁，此时距他到任梅州仅三个月。

王式去世后，余靖为他撰写墓志铭，称曰：“……三掾决曹，罔私毫芒。归照隐诋，民不冤死。入奏天子，乃丞大理。试政蒲芦，五柳双凫。锄强息弱，百里以苏。期年成绩，部符岭厄。车茵未温，卧箦已易。旌旐西还，霜凄露溥。福不盈皆，俄归九原。惟公之德，倜傥殊特。身虽云亡，留为轨则。词学起家，义方教子。有诏旌之，文乡桂里。胡为硕彦，累世弗显……”王式教子有方，其子王陶于天圣五年（1027）中进士，官至京东提刑、度支郎中，有惠政。孙子王履也中进士。在曲江，王式祖孙被称为“三世进士”，传为佳话。

家训

鉴古观今事罕同，浮生历历踵寰中。能存正直神维佑，倘务凶邪法不容。为士为农须尽孝，学文学武要成忠。我行虽未光宗谱，记述前贤大造功。

——南雄王氏家训

廉箴

（王式）志尚高洁，义不苟合。训子弟有常检，接僚友无戏言。闻人之善，谈不虚口；其不善者，疾如仇雠。真所谓古之君子也。

——宋·余靖《大理寺丞知梅州王君墓志铭》

车

振肃风纪
舍生取义

郡望：南平郡、河南郡、京兆郡、淮南郡

堂号：天水堂、萤照堂、玉峰堂

廉洁人物：车邦佑、车樻

车姓可追溯至姚姓。据《元和姓纂》《汉书》所载，舜后代田氏之裔，汉丞相田千秋以年老得乘小车出入省中，时人谓之车丞相，子孙因氏。隋唐及至五代十国，车姓逐渐播迁于浙江、江西、湖北、四川等地。据茂名禄村《车氏族谱》记载，车氏自湖广入闽，再迁粤东，又迁珠玑巷，至博罗、增城、茂名等地。

博罗车姓宗祠始建于明朝。祠内挂有十余块牌匾和门联，串起了车氏的千年历史。祠前竖起一座“御史之乡”石碑，这里的“御史”，便是博罗车氏第十三世祖车邦佑。车邦佑自幼志向远大，以晋代“囊萤照读”的车胤自励，苦读力学。嘉靖十九年（1540），迁浙江道监察御史，“为人狷介，好任气”。后又任京都五城御史，“巡南城，督京辅屯政，风纪振肃”。嘉靖二十七年（1548）正月，任兵部侍郎兼总督陕西三边军务的曾铣，因上疏《重论复河套疏》倡议收复河套，与朝中大臣意见相左。当时奸相严嵩正欲罗织罪名置首辅夏言于死地，便抓住这个机会，串通甘肃总兵仇鸾，代仇鸾起草疏文上报，诬陷曾铣掩败绩、扣军饷，嘉靖皇帝竟深信不疑，亲自拟旨，将曾铣“交接近侍律斩，妻子流放两千里，即日行刑”。据道光《广东通志》记载，时为北京巡城都御史的车邦佑闻讯，明知皇帝成命在前，仍为“义愤所激，申救甚切，忤旨廷杖，旋卒”，年仅42岁。二十余年后，有御史上疏为两人平反，车邦佑才得以沉冤昭雪。中华人民共和国成立前，惠州府城四牌楼（位于今中山北路）矗立着四座牌坊，其中一座牌坊正面刻“四奉敕命”，背面刻“世命国恩”，就是为纪念车邦佑所建。

车邦佑忠孝廉洁、不畏强权、清正耿直的事迹一直被传颂，并深深影响着子孙后代。第十四世裔孙车樌，字吉仲，原名鸣韶，号革所，万历癸酉（1573）科举人。其在任上“才堪制锦，志励悬鱼”，特授文林郎。“悬鱼”的典故即《后汉书·羊续传》中，羊续任荆州南阳郡太守时，有下属知道他爱吃鱼，所以特意向他进献活鱼，羊续收下后却悬挂在庭院之中，后来下属又向他献鱼时，羊续便把先前悬挂的那些鱼拿给他看，以告诫他以后不要再献。羊续因这一故事成为古代官员廉洁的榜样，用“悬鱼”评价，可见车樌之清廉。

在“囊萤照读”家训的指引下，车氏浓郁的勤读家风得以传承。在好学不倦的同时，还坚守不畏强权、清正耿直的为官本质。《车氏族谱》中珍藏着五份皇帝诏书，记载了车氏家族发展历程中，尽忠职守、务实为民的车氏子孙。经过数百年的沉淀洗炼，车氏一族的家风家训在时代的浪潮中历久弥坚。

家训

重文勤读、铁面无私、恪尽职守、孝立其本、敦族睦邻。

——博罗车氏家训

廉箴

十亩山田手自耕，括囊安分是平生。西州豪杰无皇甫，懒去虚干向上名。

——宋·车若水《与史宰山泉》

仇

正法严明
不负青天

郡望：南阳郡、平阳郡、天水郡、陇西郡

堂号：南阳堂、平阳堂、天水堂、陇西堂

廉洁人物：仇效忠、仇子真

仇姓出自九姓，源出殷末三公之一的九侯（一说为九吾氏）。夏代时，九吾氏为诸侯，商代为九侯国，取代夏时的部落。商朝末年，纣王杀九侯。其族人避居各地，以国名加“人”字偏旁为仇氏，世代相传至今。仇氏原籍为淮南西路和州含山县（今安徽省马鞍山市含山县），南宋时期，仇恭谨自含山迁居至广东南雄珠玑巷，为入粤始祖。

一支仇姓分支在南宋末年迁居至佛山市王臣村。据记载，南宋末年，一名号“缘叙”的仇氏先人，因为当时的“胡妃之祸”，从韶关南雄迁徙到了王臣，在此地建村，繁衍生息，距今已经700多年。当地的仇氏宗祠始建于清代康熙年间，随后在乾隆、光绪年间都曾扩建、修补。宗祠内部悬挂着记载先人功名的三块牌匾，分别对应四位功成名就、有所建树的仇氏先人。其中挂于正中央的牌匾所记载的仇效忠，是清代道光皇帝钦点的翰林院庶吉士。此人为官清廉，法令公正严明，政声卓著，深受百姓拥戴，百姓写横额赞颂仇效忠为“仇青天”。相传仇效忠在兴义府离任后，接替他的官员贪赃枉法、鱼肉百姓，以致乡民怨声载道。乡民纷纷上书请求仇效忠回任。朝廷在查明事实后便任命仇效忠回任兴义府知府，乡民得知后互相道喜祝贺。

据嘉庆《新安县志》记载，臣田村（位于今深圳市宝安区）的仇姓先祖在朝中做官，宋末元初，臣田仇姓先祖子真公以身殉国，其子偕全家迁居广东顺德，最后定居于今臣田村一带。子真公即仇氏七世祖仇子真，曾赴任广西庆远府知府，为官清廉、廉政爱民，在任期间，平定了当地的一方混乱。宋恭帝德祐元年（1275），元兵犯境，恭帝急诏各方将领保驾，仇子真时知广西庆远府，奉诏急征当地山民及民间武装数千人以补充兵源，发兵上路。不料出师未捷，是年十一月病逝于征途中，以身殉国，享年54岁。为纪念祖先，仇氏十四世祖在今佛山市顺德区石洲村建起文海松庄仇公祠，祠梁架以瓜柱、雕花柁橔、斗拱承托。墙楣上保存的“醉乐琼池”等多幅壁画相当精美。一对门神形象古朴，色调柔和，在顺德祠堂中少见。

每年5月初，顺德仇氏后人就会聚集在松庄仇公祠中，祭拜祖先，互相认识，少则一百多人，多则几百人；而仇氏建村王臣700多年，无数仇氏后人尽管四海拼搏，心中依然不忘家乡。“培植心田、品行端正”，仇氏家训在一代又一代的传承之中，回响在不同的时代中。

家训

从来人有三品：持身、端正、为良。弄文侮法有何长，但见天良尽丧。尽心无点邪曲，做事没些乖张。光明磊落子孙昌，莫要奸邪伎俩。

——仇氏家训

廉箴

树隔残钟远欲无，野云漠漠雨疏疏。飞蚊尽逐南风去，父子灯前共读书。

——宋·仇远《闲居十咏》

尹

清廉自持
刚直不阿

郡望：天水郡、河间郡

堂号：天水堂、河间堂、燕喜堂、清风堂、敦伦堂（灯笼堂）、和靖堂、一经堂、文和堂、忠孝堂

廉洁人物：尹思贞、尹明翼

在甲骨文中，“尹”字的形状像一个人手持杖，象征着权力和治理。尹姓始祖为黄帝长子少昊的儿子殷，他担任工正之官，掌管工事，封地尹城（现河南宜阳县西北、新安县东南或山西隰县一带），被称为尹殷，尹氏一族以此得姓。有记载东汉末年广东已有尹氏居住，但目前广东尹氏公认的初祖，还是宋初因为做官自天水迁至江西吉安的尹崇珂。宋元时，又有大批尹姓人迁徙于南方地区。靖康之乱，尹崇珂第八世孙尹烈因为护驾南渡有功，任广东惠州博罗县令，后任东莞知县，卸任后定居东莞，后裔分布东莞各镇区，又从东莞迁居到江门、顺德、香港、韶关等地。

尹姓宗祠常以姓氏源流和先祖功业彰显家族荣光。如“和靖处士，南阳郎中”联中，上联指宋代程门弟子尹焞坚守气节，反对议和，下联赞东汉经学家尹敏精通古文，任长陵令。“中兴良辅，东海名臣”联则分别歌颂辅佐周宣王中兴的尹吉甫，以及汉代以清廉著称的东海太守尹翁归。被誉为“尹氏南北共祖”的唐代工部尚书尹思贞尤为显赫。他任司府少卿（又称太府少卿，从四品上）时，宽仁待民却从严治吏，审阅公文必逐字批改，圈画错误，令下属战战兢兢。当时司农卿（长官）侯知一对下属也非常严格，以杖刑严苛著称，但震慑效果反不及尹思贞的批注。当时司农寺官员私下里流传着“不畏侯卿杖，惟畏尹卿笔”的说法，生动展现其严肃吏治的风范。

尹思贞一生宦海沉浮，但其最为人称道的是他刚直不阿、清正廉明的品格。他疾恶如仇，惩治地方恶霸，怒斥权臣武三思和宰相窦怀贞，不惧因言获罪。同时，他以善政清明著称，管理青州时，蚕一年结四次茧，被视为祥瑞。“刚直不阿，清正廉明”成为尹氏家训，代代传承。西溪尹氏第十五代子孙尹明翼就是知名的传承者。尹明翼于1625年考中进士，在山东、南京等地担任监察御史时，纠察百官，辨明冤案，始终清廉自持、秉公办案，为民伸张正义。卸任后，他回乡归隐，重新规划西溪村，精心打造尹氏宗祠，并亲笔题写“著存不忘乎心”牌匾，表达对祖先的深深怀念和铭记。

尹氏家训二十七条，涵盖了孝敬父母、兄弟齐心、邻里和睦、求学上进、明辨是非、勤耕苦读等优良家风，同时告诫子弟远离赌博、奢华、懒惰、恃势等恶习。传承数百年的优良家风，犹如一棵参天大树，福荫尹氏后人。后代坚持弘扬祖德，门风清正，英杰辈出。尹氏家族的清正家风，也是当今社会的宝贵财富。

家训

刚直不阿，清正廉明。居安思危，处变不惊。明礼诚信，高洁清风。淡泊明志，天下为公。孝敬父母，百善先行。

——三水尹氏家训

廉箴

贤良方正，硕儒耆德，刚不护缺，清而畏知。简言易从，庄色难犯。征先王之体要，敷衽必陈；折佞臣之怙权，拂衣而谢。故以事闻海内，名动京师。鹰隼是击，豺狼自远。

——唐·苏颋《授尹思贞御史大夫制》

孔

圣人后裔
岭南先驱

郡望：鲁郡、京兆郡、河南郡、会稽郡

堂号：阙里堂、至圣堂

廉洁人物：孔闰、孔治、孔讷

孔姓出自子姓，是商族始祖契的后代。商朝开国君主成汤（名天乙）的子孙中，有一支姓“子”的商族同他名字中的“乙”组合为姓，成为孔氏。其发源地之一在今河南商丘一带。春秋时期，宋国大臣孔父嘉的后代因避祸逃到鲁国。从此，鲁地成为孔氏的居住地。汉代开始，随着孔子地位的提高，孔氏成为一个煊赫的家族。韶关孔姓均尊孔子为祖先。唐朝末年，一支孔姓从山东辗转迁徙到南雄北部山区油山定居，后有部分族人迁至南海；明清时期，亦有孔姓从福建、江西或珠三角迁入韶关各地定居。

众所周知，孔子创立的儒家学说是中华优秀传统文化的重要组成部分。他主张的“仁”与“礼”不仅成为国家施政和个人自我修养的重要准则，对他的后裔也产生了深远的影响，使孔子后代出类拔萃者众，孔闰便是其中一位优秀的代表。孔闰（874—964），字怀清，孔子第四十一代裔孙、唐岭南节度使孔戣之曾孙，浈昌县（今南雄市）平林村人。少时聪明好学，涉猎经史。唐昭宗景福元年（892），孔闰时年19岁，乡试中举。景福二年（893），连捷进士及第，成为南雄科举第一个进士。孔闰历登显宦，后周时，官至朝散大夫，迁袁州刺史。因时值五代更迭，时局动荡，且年近八十，乃弃职寓居于吉州泰和县石禾场，督率子孙耕读达10年之久。

宋建隆元年（960），孔闰见宋室已立，时局安定，乃携家归隐于平林村祖居，不辞劳苦，致力教化，弘扬先祖德业。建隆三年（962），倾资在平林村创办孔林书院，登坛讲学。又在陇头买田55亩，田租收入作春秋设奠费用。书院不仅接受平林本族子弟，也接受附近村庄如坪田坳、古城、上朔、延村等地子弟。一时耕读成风，人文蔚起。孔林书院是南雄州甚至是岭南地区创办最早的一所书院，其教化成效显著。在宋代，保昌（即今南雄市）举进士103名（含特科64名），为粤北之冠。其中古城一个村有5名进士，平林村也出了2名，还有上朔2名、延村2名。孔闰创办孔林书院为南雄乃至岭南的文化教育作出了重大贡献，被誉为岭南办学先驱，每年南雄州、县官员都要来此祭孔。

韶关孔氏家族一直以来都秉持着崇儒重道、好礼尚德的祖训，许多子孙成为廉洁奉公的典范。孔子第五十三代孙孔治在为官时，以“孝友仁厚，公谨廉明”著称。他告诫儿子孔思诚要“毋妄怒，轻答人”，强调为官者应以德治国，关爱百姓。孔子第五十七代孙孔讷也以严谨仁孝著称，经常帮助无力婚葬的乡邻。他们践行了孔氏家族的传统美德，为社会作出了积极贡献。

家训

不学诗，无以言，不学礼，无以立。

——《孔氏家训》

廉箴

勿嗜利忘义，出入衙门，有亏先德。

——明·孔尚贤

邓

县令世家
清廉少卿

郡望：南阳郡

堂号：南阳堂、安定堂、平阳堂

廉洁人物：邓颙、邓瑗

邓姓起源于商朝，是商族子姓的分支。公元前1315年，商王成汤的第十世孙曼公（字德阳），被侄儿武丁封于邓国，是为邓侯，其后以国名为姓，距今有3300余年的悠久历史。韶关邓氏有六支，最早的一支为卢阳堂。据乐昌《邓氏族谱》记载，邓平直于南朝时任庐阳（今汝城）县令，生有五子。隋开皇十八年（598）改梁化县为乐昌县（今乐昌市），邓平直第五子邓亨甫任乐昌首位县令，后任韶州刺史，拜为鹰扬将军。邓亨甫生前战功煊赫，屡言朝廷得失，致使子孙受害，被诛九族。族人为求生存而隐姓埋名，四处逃亡。乐昌廊田楼下村邓氏自强不息、开枝散叶，至明清时期发展至鼎盛，如今后人已广布全球。

在先祖邓亨甫的率先垂范下，楼下邓氏家风清廉严谨、勤奋好学，故人才辈出。宋、元、明、清共出过6位进士、8位举人，任县令以上官职者25人，邓颙是其中杰出的代表。邓颙（1410—1448）从小学习勤奋用功，喜读各类书，明宣德十年（1435）中举，明正统七年（1442）中进士。邓颙作为新榜进士代表朝廷携厚礼前往武昌慰问楚王，楚王回以不少礼物，邓颙谢过，但礼物分毫不取。楚王感慨邓颙清廉，即席挥毫写下“廉介”二字赠予邓颙。担任永丰（今属江西省吉安市）知县后，邓颙大刀阔斧进行改革，革除宿弊，整治治内地痞流氓，打击欺行霸市行径；奏请朝廷减除部分不合理的额外税赋，减轻老百姓负担。同时，破获了几起积案，为蒙冤者平反。这一系列举措，让永丰老百姓感受到了新知县对他们的关心，百姓因此对邓颙称颂不已。邓颙为官清廉，他曾经被请到福建浦城帮助商贾办事，为他们挽回不少损失，对方重金感谢，邓颙坚决不收。明正统十三年（1448），朝廷任命邓颙为江西按察佥事，只可惜任命下来之时，邓颙因率兵英勇御贼，战死殉职。朝廷追赠其为奉议大夫、光禄少卿（从四品），并追授谥号“恭毅”。

邓颙的长子邓瑗，秉性如父，勤政爱民。他在分巡湖北时，见官府征调频繁，百姓苦不堪言，朝廷却不知底细。他不忍强征，就辞官回乡。其后还涌现出邓钦、邓宣、邓宿等从仕子孙。

如今，楼下村里还遗存着几乎完好的“科第名家”“奕世簪缨”“文武阁”“五福巷”“积德流芳”等形态各异的门楼、古巷、楼阁，诉说着历朝历代以来邓氏族人书写的荣耀。

家训

家有家规，国有国法。为官应清正廉明，为民要遵纪守法。若此，可安居乐业，繁衍生息，世代昌隆。

——乐昌楼下邓氏族谱《邓氏家教十六则》

廉箴

伊昔越产，载古史牒。匪贤则忠，奸佞殆绝。惟屹邓公，以死卫民，以死报君，有光前闻。庙食在人，列传在史。

——明·丘濬《赠光禄少卿邓忠毅公墓志铭》

甘

耕读兴业
学有志节

郡望：渤海郡、丹阳郡

堂号：渤海堂、丹阳堂

廉洁人物：甘友信、甘卓棠

甘姓为多民族多源流姓氏。得姓始祖甘盘是商王武丁的老师，武丁登基后，拜甘盘为相。甘盘子孙以祖字为姓。另有姒姓分支，夏朝时有诸侯国甘国（在今河南洛阳），甘国亡国后，后裔以国为氏。广东甘氏入粤始于宋代，中原移民因官迁、垦拓等动因南迁，经南安（今大余）过梅岭古道，迁居南雄，后经浈江、北江向珠三角及粤西扩散。

甘氏家训的千年传承，在明初甘友信身上得到了生动诠释。这位出身广东南雄府保昌县贫寒农家的子弟，自幼便在“耕读兴业”的家风浸润下成长，学习刻苦，有坚定的志向和节操。洪武十八年（1385），37岁的甘友信终登进士第，却在宦海沉浮中因直言获罪，被贬至楚雄戍边。建文年间，因其教化边民之功得荐，起复为瑞州训导。他痛恨当时浮夸的文风，要求学生学习和写作摒弃虚荣和浮华的行为，士子的学习风气因此彻底改变。他在瑞州任职18年，因勤勉踏实的品德受人敬仰。

在这样的家风濡染下，甘氏各支家训严谨，人才辈出。广东新兴南外村甘氏人耕读传家，历史上学而优则仕的名人比比皆是。中国共产党早期党员甘卓棠也是从这里走向革命。甘卓棠14岁赴香港，在九龙船坞谋生。他积极参加革命活动，发动香港机器工人参加省港大罢工，并到广州参加示威游行。当选为省港罢工工人代表后，他发动香港机器工人参加修筑广州至黄埔的公路，参与黄埔港的开辟扩大，大力促进广东经济建设发展。在被派往广州郊区开展农民运动后，他活跃在芳村、花地、三元里、沙河等地，带领农民开展反抗恶霸，反对苛捐杂税的斗争。面对粤海关封闭的危机，他统筹各工会实现跨组织联合，在短时间内发动香港机器工人参与十万群众反帝游行，展现高超的组织协调水平。1929年1月，甘卓棠任中共广东省委常委，在江门视察和指导革命斗争时因叛徒出卖，于广州南石头英勇就义，年仅30岁。

无论是“力学有志节”的甘友信，还是为革命事业献身的甘卓棠，都在身体力行践行甘氏传承千年家训的核心要义。蕴含“孝悌为本、忠敬传家、耕读兴业、礼俗立规、和德济世”等体现中华传统美德的家训，是甘姓族人读书为人、居家处世的重要指南，更在代代传承中，成为甘家人做人做事的根本准则。

家训

敦孝悌，重教育。笃忠敬，营生业。慎丧祭，厚风俗。慎婚姻，尚和睦。端志节，严杂禁。

——南雄《甘氏家训》

廉箴

怀柔城外山前石，藓蚀苔封逾百年。
深注宪司三叹赋，忽逢廊庙万轮迁。
帝于弃物尚如此，野有遗贤肯弗然。
好为虚心勤物色，莫令抱璞老林烟。

——明·甘为霖《旧石叹》

古

清风扬善 成之耀族

郡望：新安郡、新平郡、河内郡

堂号：新安堂、国宝堂、流芳堂、官箴堂、忠顺堂

廉洁人物：古成之

古姓最早来源于周文王姬昌的祖父古公亶父，其为周族先祖，后代子孙以古为姓。至唐代，洪州通判古云应的子孙南迁，定居于广东南雄珠玑巷，这是古姓进入广东的重要起点。古姓家族从珠玑巷迁出后，主要定居在广东的梅州、河源、清远等地。

时光悠悠流转至北宋，在广东惠州府长宁县（今广东新丰、河源一带）的古氏家族，诞生了一位才能兼备的杰出人物——古成之，他历任多地官职，无论是真定府元氏县尉，还是青州益都县知县，抑或秘书省校书郎、绵州魏城县知县，他都兢兢业业，克己奉公。在担任地方官职时，官场中存在一些送礼行贿的不良风气，但古成之坚决抵制，他常说：“为官者，当以百姓福祉为念，而非一己私利。”他公正无私地对待每一项工作，从不受私人请托影响，确保每一个决策都符合百姓的利益。在处理经济事务时，古成之更是廉洁奉公。他积极推动地方经济发展，鼓励百姓发展农业、手工业，改

善生活条件。在经济项目审批、资源分配等事务中，他严格按照规定办事，杜绝任何形式的贪污腐败行为。例如，在组织兴修水利工程时，他亲自监督工程款项的使用，确保每一分钱都用在刀刃上，使得水利工程顺利完工，造福当地百姓，却从未在其中谋取一丝一毫的私利。

古成之不仅在政务上有所建树，还十分重视教育。他深知教育对于地方发展的重要性，于是大力兴办学校，鼓励学子勤奋学习。他亲自参与教学，传授知识与做人的道理，培养了一批又一批有识之士。在教育资源分配、学生选拔等方面，他同样秉持公正廉洁的态度，让真正有才华、有志向的学子能够得到良好的教育机会。

古成之的一生，是勤勉奋进、廉洁奉公、造福百姓的一生。他以自己的智慧、品德和廉洁精神，为社会发展作出了重要贡献。他的廉洁风范如同古氏家族的精神灯塔，为后世子孙照亮前行的道路；他的品德和精神，成为古氏家族传承的无价之宝。此后，古氏后人都将古成之的勤奋好学、公正廉明、重情重义铭记于心，在各自的生活中坚守正道，努力传承着家族的优良家风，让古氏家族的精神在岁月长河中熠熠生辉。

家训

友恭，敬长，睦族，和邻，重教，守廉。

——《中华古氏总族谱》中古氏家训

廉箴

贤良知足辱，为尔戒贪名。
一酌不能惑，千年依旧清。
深涵秋汉色，冷浸古松声。
珍重荒碑在，何人曾泪倾。

——宋·古成之《贪泉》

龙

忠贞清廉
以德喻事

郡望：武陵郡、天水郡、武阳郡、太原郡、武昌郡

堂号：世师堂、八德堂、经德堂、武陵堂

廉洁人物：龙韬、龙廷槐

龙姓始祖为舜帝任命的纳言——龙，纳言为舜时官名，其子孙以先祖的字为氏。广东龙氏多源于江西永新，其先祖为武陵郡龙伯高，其后人迁居湖南道州，后又因避黄巢兵乱迁至江西永新。从南宋开始，多系族人陆续迁往广东，他们先在粤北珠玑巷扎根，然后沿北江、东江向南推进，再进入珠三角地区，逐渐繁衍壮大。

在广东龙氏家族的祠堂中，常悬挂“江右派分源通钜鹿，岭南椒衍花灿塘莲”“姓受虞廷孙枝衍庆，源通钜鹿瓜瓞绵长”“懿德动真仙五子同登自昔科名欣济美，丰功垂后嗣千秋共茂至今霜路感难忘”等对联，彰显源流，表达赞美，寄托期望。曲江龙韬便是众多不负先辈期望之人中的一位。明成化六年（1470），龙韬任职于容县，此时的容县已历经战乱，百姓苦于按额定数量缴纳赋税，许多家庭甚至因此卖妻鬻子。目睹这一切的龙韬心生悲悯，决意扭转这一局面。他亲率当地里长奔赴京城，奏请官员韩雍来县

里调查。柳州府同知金廷玺和梧州府推官郑义共同商议后决定，停征米粮五千六百七十石，比之前额定缴纳赋税减少五分之三。自此，容县百姓终于摆脱了沉重的赋税枷锁，恢复了旧业。龙韬也凭借一腔赤诚、廉洁奉公，在容县、曲江乃至整个广东为人称颂。

龙韬非常重视家族家风治理，龙氏家训有云，“敦厚周慎，孝悌忠贞，清廉玉洁，礼义善忍”，龙韬始终循此家训，规范自身，教育后人。同为广东龙氏，清代的龙廷槐继承了龙氏家族廉洁奉公、不慕名利的品格。他自幼聪颖勤奋，能诗善文。清乾隆五十二年（1787）考中进士，授翰林编修，历任赞善、监察御史，入值上书房。父亲去世后他回乡守孝，服孝期满后，因见和珅弄权，朝政黑暗，遂决意辞官隐居终老。回乡后，他积极为家乡公益事业奔走，曾筹集大量公费，用于救济贫困孤寡。在抗击海盗张保仔侵扰时，龙廷槐出面主持民间联防工作，奔走各乡倡捐银两，招募兵勇，购买武器，修筑炮台。其为侍奉母亲而拓建的清晖园更是被奉为清代粤中四名园之一。

龙氏家训强调“以耕读为本，礼义传家，以德喻事”，倡导敦厚周慎、孝悌忠贞、清廉玉洁等品德。这些家训家规从孝敬父母、和睦乡里、勤俭持家到廉洁奉公等方面，为龙氏族人立下了明确的行为准则，指引着其后代如何做人、如何正己。

家训

敦厚周慎，孝悌忠贞，清廉玉洁，礼义善忍。

——《龙氏家训》

廉箴

持身以俭，处世以廉；贪欲之害，甚于毒蛇。

——清·龙启瑞

卢

尚贤尚廉
恭俭节约

郡望：范阳郡、河南郡、河间郡、淮阳郡、弋阳郡

堂号：范阳堂、河南堂、河间堂、淮阳堂、弋阳堂

廉洁人物：卢广居、卢永根

卢姓始祖为春秋齐国齐文公之子公子高，其后人高傒因食采于卢邑（今山东省济南市长清区），子孙遂以邑名为氏。广东卢氏多为宋元时期中原地区的北方移民。他们先由江西、湖南等地入粤北珠玑巷扎根，然后沿珠江水系向珠三角地区推进，再进入粤西、海南等地。宋朝时期，越南的蛮卢开始大批进入广东，到明朝时已经完全汉化，成为广东地区的卢姓主体。

卢氏宗祠门柱锦绣鎏金，虽经岁月风霜，但字字句句见先辈治国齐家之大智慧。“范阳名族，涿郡高楣”，言家族兴发之根源；“德为世表，学乃儒宗”，弘德才兼重之传统；“姜水源流远，范阳世泽长”，书精神传承之流长；“茶曲馨香传后世，蒲江清远度人间”，承尚贤尚廉之愿景。卢氏祠堂的诸多楹联，让氏族廉洁根脉如长流之水，越千年而不绝，经风雪而不灭。

清朝曲江的卢广居是韶关卢氏家族的代表性廉洁人物。他性格敦厚笃实，擅长写作科举应试文章，其文熔式经诰，以理致醇厚、经世致用见长，常引经据典而不迂腐，在当地颇受推崇。雍正元年（1723），卢广居在乡试中中举。乾隆八年（1743），他被授予安徽泗州州同之职，第二年暂代来安县事务，为政期间有着显著的循良声誉。后奉檄文掌管太和县，到任后在当地实施了一系列利民措施：注重教育，修缮学馆，延请先生；减少赋税催征，减轻农民负担；细理卷宗，清理积案。在他的治理下，太和县百姓和乐，百业振兴。凭借清正作风与卓越治能，卢广居声名远播，更得百姓真心爱戴，成了一方百姓心里的“定心秤”。

卢广居非常注重家风传承，在他的教化和廉洁精神的影响下，其族人将尚贤尚廉的风尚代代相传。“布衣院士”卢永根原籍广东花都，虽非卢广居的后裔，却将卢广居的廉洁精神践行到底、发扬光大。他是中国科学院院士、华南农业大学原校长，对教育事业无比慷慨，对自己却非常淡然。2017年3月，卢永根将毕生积蓄880多万元捐赠给华南农业大学，设立教育基金，用于奖励贫困学生和优秀青年教师。然而，他家中的摆设仍停留在20世纪80年代，年近八旬时，仍然自己打饭做饭，没有丝毫奢侈习气。这种跨越时空的精神传承，恰是卢氏家族“尚贤尚廉”的动人注脚。

“敬祖宗、孝父母、敬长上、友兄弟、教子孙……”从尊崇祖德到清正廉洁，这些家训成为卢氏家族绵延不息、兴旺发达的精神源泉。卢氏族人正是以家训为镜，修身齐家，传承祖德，弘扬正气。

家训

人生世上，立品宜先。居家能为忠信之人，立朝乃为正直之士。

——《卢氏家训》

廉箴

党培养了我，将个人财产还给国家，是作最后的贡献。

——卢永根

叶

从政之道
严戒贪求

郡望：南阳郡、下邳郡

堂号：南阳堂、崇信堂、敦睦堂、点易堂、续古堂、继美堂、百忍堂

廉洁人物：叶颙、叶深、叶伯亨

叶氏源流多元，得姓始祖为春秋楚国叶公沈诸梁，因功封邑于叶（今河南叶县），后世以邑为氏。另有源于东汉叶调国（今印度尼西亚爪哇岛一带）移民后裔，以及由复姓“叶阳”“叶大夫”简化而来，形成了“芈姓为主，多源并融”的叶氏姓氏文化。广东叶氏为中原叶氏唐代以降因战乱南迁，由浙、闽迁入粤北。明清时期，叶氏后裔以珠玑巷为原点，扩散至广东南雄、始兴、仁化、南海、梅州等地。

叶氏祖训以“耕读报国”为核心，各支在此基础上进行深化，在廉洁方面，告诫子孙“从政之道，严戒贪求，心地光明，一世无忧”。叶姓入粤始祖、南宋时期官至宰相的叶颙（叶正简）就是恪守祖训的代表。他为官公道正派，任人唯贤，清正廉洁，端方有守，淡泊名利，静退无求，担任宰相被誉为“一时之选”。《宋史·叶颙传》记载他在担任广州南海县主簿时，从不“冒功请赏”，剿灭劫匪的时候，属于下属抓获的都据实上禀，绝不贪功，以求仕进。下人不解，叶颙遂言：“掠美、欺君、幸赏，三者皆罪，不忍为也。”叶颙为官数十载，家里没有因为他步步高升的官职新添过一亩地，新建一间房，所有的起居饮食习惯保留他刚刚做官时候的样子，清廉奉公，为一代楷模。

岭南叶氏一脉以“清白传家”为世训，其子孙无论居庙堂之高还是处江湖之远，皆恪守先祖遗风。韶州仁化江头村叶深，字静斋，少年时即以“端方自持”闻名乡里。担任广西藤县主簿期间，叶深坚守底线，不搞歪门邪道，年关时节，同僚皆备厚礼拜谒上峰，其独闭门自守，自始至终都没有夜晚私下拜谒、送礼贿赂上级，因而深得上司赏识，被授予藤县代理县令之职。之后，他更加严肃庄重，清正廉洁，及至致仕还乡，竹篾箱笼不过旧衣数件、典籍数卷。叶深的儿子叶伯亨幼承庭训，倾慕古代先贤的所作所为，注重个人品德修养，淡泊名利，一门心思钻研学问。嘉靖初年以贡生授贺县知县，亲民爱民，每逢春耕，必戴竹笠巡阡陌；秋收时节，则坐镇粮仓防胥吏盘剥。然见官场积弊日深，竟效陶渊明挂冠而去，隐归故里。两代人宦海浮沉，终以“出淤泥而不染”为后世垂范。

叶氏祖训，从修身、齐家、处世和立业等方面对子孙进行劝诫，包含了历代祖宗对晚辈的严格要求、殷切鼓励和美好期望。叶氏后人共同传承着祖先勤学、淳朴、正直的优良品德，秉承浓浓的家国情怀，退则涵养德行、整肃门庭，进则经世济民、造福桑梓，传承家风，传播叶氏正能量。

家训

行之有恒，物望孚乡，礼义廉耻，立身大防。

——南雄叶氏祖训

廉箴

凌江一派自何年，水木悠悠遍谷川。

曾有冠裳通上国，更多耒耜列腴田。

列周业起豳风咏，万石贤声史氏编。

不计亲疏千百叶，但求无忝是家传。

——明·叶梦熊《过龙南宗家诗》

丘

廉洁奉公 两袖清风

郡望：扶风郡、吴兴郡、河南郡

堂号：扶风堂、吴兴堂、河南堂

廉洁人物：丘大成、丘逢甲

丘姓始祖为姜太公的后裔。相传姜太公被封于营丘（今山东昌乐东南），其后裔中有以封地为姓者，遂称丘氏。清雍正三年（1725），世宗皇帝诏令尊孔丘，为避讳，将“丘”氏改为“邱”氏，因此丘、邱两姓同源。广东丘氏多为唐宋时期从中原地区迁徙而来的北方移民。他们最初由赣南、湖南等地进入粤北珠玑巷，然后沿韩江、东江、北江流域逐渐扩散到粤东、粤西等地。经过数百年的发展，丘氏在广东各地繁衍生息，成为广东地区一支重要的姓氏家族。

在广东丘氏的祠堂中，常常悬挂“培栽后进，远继先芬”“读书千载业，孝悌一堂春”“西山送绿传春讯，坑水抒情唱凯歌”等对联，昭示家族崇德重教、廉洁奉公、诗书传家的传统。明代韶州乳源的丘大成可谓广东丘氏廉洁奉公的代表。明万历年间，他因恩贡踏上仕途，后晋升为福州通判。由于政绩显著，民众拥戴，他进而被提拔为云南宾州知州。在宾州知州任上三载，他始终坚守廉洁奉公的原则，将俸薪全部分给同僚，未曾为自己的儿孙敛财分毫。任期结束，他两袖清风，毅然返乡。他在家时逍遥自在，拄杖漫步，安闲自得，也不妄求地方官吏和民众前去拜见，尽显淡泊名利的高尚品格。

丘大成的廉洁精神，不仅为他赢得百姓的爱戴，更激励着后人坚守正道，廉洁奉公。清朝时同为广东丘氏族人的丘逢甲将其廉洁奉公精神发扬光大。丘逢甲出生于台湾，祖籍广东蕉岭，自幼聪颖，4岁随父读书，14岁应童子试获全台第一名，被福建巡抚丁日昌赠“东宁才子”印。虽为进士出身，丘逢甲却无意仕途，淡泊名利，拒绝留京为官，选择回乡进行教育救国。他一生清贫，却始终坚守清正廉洁的品格，将个人命运与国家民族紧密相连。甲午战后，丘逢甲坚决反对清政府割让台湾，并组织义军与日军浴血奋战二十余昼夜，最终因弹尽援绝而失败，被迫内渡。内渡后，他定居祖籍地广东蕉岭，继续投身教育事业，倡导新学，传播进步思想，受到社会的好评和政府的重视。1906年，两广总督岑春煊聘他为两广学务处视学及广州府中学堂监督；1908年，他被推举为广东省教育总会会长，成为广东省最有声望的教育家之一。

“见义而勇为，勿存怠慢心；见利要思义，弃义生祸根……”丘氏家训家规涵盖了从行仁德、重道义到守信用、要忠诚等多方面的内容。这些家训不仅是对个人品德的要求，更是对家族成员在社会中应秉持的行为准则的规范。这些代代相传的训条，指引着丘氏族人坚守廉洁、正直、仁爱等美德。

家训

为公益民，廉节并行……抗邪拒腐，正气盈身。

——中华丘氏宗大宗谱之乳源县分谱《邱氏家训》

廉蕨

至人安曲肱，浮云谢非望。我生罹百忧，魂梦鲜舒畅。
何当高枕卧，心境两平旷。眷怀陶靖节，赏菊倾清醨。

——清·丘逢甲《菊枕诗》

白

封疆大吏
清贫终身

郡望：太原郡、南阳郡

堂号：治生堂、香山堂、南阳堂

廉洁人物：白思谦、白纯素、白莹

白姓源出黄帝轩辕有熊氏公孙之后，春秋时楚平王太子建之子白公胜至秦国大夫白乙丙，因爵承袭以国为氏于白，故曰白。乐昌白氏源自始祖白璧。白璧故居在今湖南省长沙紫竹林，北宋神宗元丰三年（1080）登进士第，官至通直大夫，知广西郁林州州事。致仕将归长沙，道经韶阳乐昌，因郴阳草寇乱军横行而受阻，关车莫能进，而寄居皈下都，夕得神人奇梦，称“凤凰山下香炉寨前，九曲清流环绕之内”即白富、长富、自富三岭捧护之中，象耳之旁的斗湾。于是，择此地定居。

韶关白氏代表性的杰出人物有白思谦。白思谦（？—1428），乐昌人，明洪武二十九年（1396）乡试中举。洪武三十三年（1400）授冬官主事，后历任工部员外郎、左军都督府经历、广西布政司左参政、山西右布政使（从二品）等职。白思谦初入官场，官阶虽低，但兢兢业业、一丝不苟、秉公执法、不扰百姓，大力倡导简政放权，坚决反对繁杂琐碎的公文政令，深得上级和同僚称赞。因政绩卓著，永乐十九年（1421），白思谦升任山西右布政使，驻太原府，下辖五府、三直隶州、十六州九十六县。白思谦在任山西右布政使期间，破旧弊，立新政，开商贸，重农桑，办教育，使山西境内政通人和，百姓安居乐业。宣德二年（1427），山西洪洞、浮山、绛州等十多个州县遭遇少有的大旱，田地荒芜，饥民流离。白思谦一边上奏朝廷请求减免税粮田租，拨粮赈灾，一边发动民间富豪商贾捐助，他本人捐出所有俸银购米赈灾。他在灾区设粥棚煮粥赈济灾民，广施药物，治疗灾民，防止大灾后大疫蔓延。此举救治灾民无数。百姓感恩他的政绩和为人，将他比作宋朝名臣韩琦和范仲淹，称“此韩琦、范仲淹公再生人也”。

作为一名封疆大吏，从二品官员，白思谦可谓清贫终身。他逝世后，部属为其入棺装殓，发现他除了几身官服之外，别无他物。礼部尚书、太子少保兼武英殿大学士金幼孜为他撰墓志铭，高度评价他的清廉之风。

白思谦的后人亦继承其风范。侄子白纯素，官至大理寺评事，当时国家工役浩繁，他“奉命董役，不事苛扰，事竣廷议以为能”；孙子白莹，史称其“忠鲠自持”，在朝廷上声名远扬。

家训

为吏必慎官守，奉法以利民，不枉法以侵民。

——《中华白氏·家规家训七则》

廉箴

蔬食足充饥，何必膏粱珍。
缯絮足御寒，何必锦绣文。
君家有贻训，清白遗子孙。
我亦贞苦士，与君新结婚。
庶保贫与素，偕老同欣欣。

——唐·白居易《赠内》

邝

世守清白
教育传家

郡望：太原郡、扶风郡

堂号：太原堂、扶风堂

廉洁人物：邝绍皋、邝鸿

《姓氏考略》载：“古邝国后有邝氏。”古代邝国的后人，有以国名为姓，称为邝氏。《姓解》：“邝，音荒”。古邝国，在今安徽省巢湖市、庐江县一带，古称邝林，居人因以为氏。广东邝氏主要源自南宋时期的邝愈平，原为方氏，因功被赐姓“邝”。其子邝一声于宋代末自南京迁居广东南雄州保昌县沙水乡，半年后又徙居南海大镇乡，开基立业，成为广东邝氏始祖。

在邝氏家族中，明末韶州乳源县上街人邝绍皋堪称廉洁奉公的典范。他为人温厚诚信，居家生活清淡，常吟诗自娱，不涉机巧。崇祯十年（1637），邝绍皋成为岁贡生。在旁人看来，这是步入仕途、获取功名利禄的良机，可他志向高洁，丝毫不为官场诱惑所动，转而投身教育，以儒家经典悉心教导子弟。即便到了八十高龄，邝绍皋依旧精神矍铄，在教育过程中，既传授知识，也将廉洁正直的品德传递给学生，以身作则，告诫他们坚守内心纯净。邝绍皋一生远离官场纷争，秉持儒家理念，凭借清廉作风与高尚品德，成为当地的道德楷模，其事迹至今仍为人传颂。

邝绍皋清正廉洁的精神深刻影响了邝氏族人，使得他们无论在本地繁衍还是迁徙他乡，都将清廉家风代代相传。邝绍皋的长子邝渭，本有机会成为贡生，遗憾英年早逝。幼子邝鸿不负期望，顺利取得贡生资格，后出任澄海教谕。任职期间，邝鸿秉持父亲邝绍皋廉洁正直的品格，严谨教学，监管生员行为品德，传递清正廉洁价值理念。邝绍皋的孙子邝士后、邝士任、邝士杰，在良好家风的熏陶下，于学校中声名远扬。他们不仅学业出众，更将廉洁自律的家风铭记于心。邝绍皋以自身言行，为后代树立了廉洁正直的榜样，从邝绍皋到邝鸿，再到邝氏孙辈，廉洁的家风在岁月流转中传承不息，邝氏一门也凭借代代坚守的廉洁精神，成为当之无愧的教育世家。

邝氏家训有“敬祖宗、敦孝悌、睦宗族、端伦常……”等句，这些训示不仅在古代为邝氏族人树立了为官为人的准则，在现代社会也是邝氏后裔坚守道德底线、传承优良家风的精神指引。

家训

顾廉耻，惜身命。

——邝氏家训

廉箴

贫贱不移志，富贵不淫心；生死守节义，肝胆照古今。

——明·邝露

冯

大张国政
树立家声

郡望：始平郡、杜陵县、长乐郡、京兆郡、弘农郡、河间郡

堂号：始平堂、杜陵堂、长乐堂、京兆堂

廉洁人物：冯怀庄、冯应魁

冯姓为多民族、多起源姓氏。一为姬姓分支，周文王十五子毕公高后裔魏长卿受封冯城（今陕西大荔），遂以邑为氏；二为归姓演变，春秋郑国大夫冯简子以封地得姓。广东冯姓肇始于南北朝，北燕宗室冯弘遣子冯业率部浮海南下，于南朝宋元嘉十四年（437）定居番禺，受封新会太守，开岭南冯氏先河。其孙冯融任罗州刺史，联姻越族，孙媳冼夫人，奠定粤西冯氏根基。另有一支在明代入闽为官，辞官后由赣入粤北，迁居始兴，后又迁居珠三角，再到粤东、广西、台湾等地。

冯氏始平堂堂联“大张国政，树立家声”“始平世泽，大树家声”中，“大树”指的是东汉时期开国大将冯异，他谋略过人，智勇兼备，但为人谦恭，行事低调，每次论功行赏时，他都避立树下，被称为“大树将军”。也有一说是他亲民爱民，像大树一样保护百姓，故被誉为“大树将军”。始兴冯氏始祖冯懋忠为冯异第二十四世孙，在辞官带领家族迁至始兴中洞的时候，将“谦德立身，实事济人”八字祖训深植岭南。这一家训在明代得到生动诠释：洪武年间南韶驿道开通后，始兴江湍河成为商旅险途。至嘉靖年间，冯氏族人冯怀庄目睹河面宽广，汛期丰雨季节河流湍急，渡河不太安全，便筹资修建了一座石拱桥。从桥建成到1933年南韶公路通车前的数百年间，该桥为南来北往的行人提供了很大的便利。

冯怀庄的善举不仅为古代交通作出了不可估量的贡献，也为其族人养成良好的品德树立了很好的榜样。冯怀庄的后代冯应魁，清初徐闻训导、代理知县，康熙六年（1667）以岁贡入仕，其居所门楣至今悬“岁进士”匾额。任训导时，巡视县学见宫墙倾颓，当即捐俸倡修，草拟修缮章程，动员乡绅捐资，重建学宫并制定课规，整肃文风。因办学实绩显著，获荐代理知县，任内以“清刑简政”为纲：审案重证据、轻刑讯，征税留民余粮，岁末开仓赈济，保障民生。他孝敬父母，兄弟和睦无间。父母病时衣不解带亲奉汤药；战乱后寻回流亡侄子，把自己的财产分给他，帮助他安身，获官府颁“百行迈德”“孺慕纯孝”双旌。

冯氏家训二十六则，核心要义是孝顺父母、友爱兄弟、和睦宗族、奋志读书、勤俭耕耘、安分守法、正直为人和廉洁奉公，教导子孙无论身处何种环境，都要不断提升自己的品德和修养，传承祖训，树立家规，明确纪律，弘扬正气。

家训

气忌躁，言忌夸。才忌傲，学忌骄。胆忌暴，人忌妒。心忌贪，行忌邪。忌嫖赌，忌为盗，忌吸毒，忌非为。

——南雄《冯氏家训》

廉箴

读书不求官，服官不要钱，违者不孝。

——清·冯子材

司徒

重操勤听 教以人伦

郡望：赵郡

堂号：赵郡堂、藏名堂、教伦堂

廉洁人物：司徒修、司徒照、司徒煦

司徒姓是汉族复姓之一，源于姬姓，出自舜帝的后代，属于以官职称谓为氏。“司徒”是古代的官职名称，始于4000多年前的唐、虞之置，负责管理教化民众和行政事务等。尧帝为炎黄部落首领时，舜就是尧帝的司徒官，执掌和管理土地事务，故而又名“土司”。契为商族始祖，其后有司徒姓。《史记》和《通志·氏族略》记载，在虞舜的支系子孙中，有“以官职名为姓者”，称司徒氏，后有省文简改为单姓司氏者，皆世代相传至今。司徒氏族人大多尊奉虞、舜为得姓始祖。族人早期主要活动于中原地区，宋朝以后，为躲避寇乱，一支司徒后裔从南雄迁居广州，后又迁向阳江各地。

为纪念本地任职而勤政爱民、有德业之官员，在其逝后，可由当地士民举荐，经本省总督、巡抚会同学政审核批准，将其牌位入祀于所在州县名宦祠。清道光六年（1826），开平赤坎人司徒修曾任平利（今陕西省安康市平利县）知县，其为人正直，亲力亲为，道光十七年（1837）卒于任所，道光二十年（1840）祀名宦祠。在任期间，司徒修耐得住清贫，所到之处体恤民情，大办好事实事，又不为金钱所诱惑，留下很好的政声。相传曾有一个富人犯罪要被判重刑，他的家属送上数千金行贿请求减刑，司徒修严词拒绝，让行贿者羞愧而去，之后没有人敢做行贿之事，也没有官员敢以权谋私。他在平利县七年，把平利县治理得“合境清谧，民奉如父母”。

司徒修廉洁从政的一生给其子孙留下了深刻的影响，其后几代中为官者个个清白做人、干净做事，他们的故事在当地侨乡世代称颂流传。司徒修的大儿子司徒照钦点翰林院庶吉士。在良好家风的熏陶下，司徒照秉承其父为官清廉之风，从刑部主事、刑部江苏员外郎、代理山东按察使、山东盐运使到陕西布政使、暂理陕西巡抚，都政绩斐然。在刑部期间，每到秋审他都对每份文书反复审阅，使不少冤案得到平反。二儿子司徒煦钦点传胪，不久被派往四川任职，先后在射洪、三台等地任知县。其人“重操守，勤听断，以正风俗、植人才为先”，深受当地百姓爱戴。

司徒家族重视人伦教化，以“教以人伦”为家训，崇尚教化为宗旨，追求君义、臣忠、父慈、母爱、子孝、兄友、弟恭的伦常美德。近代以来，司徒后人尊重祖先遗训，多在文教等领域结出硕果。这样的家风一直流传至今。

家训

教以人伦，君义、臣忠、父慈、母爱、子孝、兄友、弟恭。

——开平司徒氏家训

廉箴

丞相衔恩赴阙时，锦城寒菊始离披。
龙媒旧识朝天路，鸡树长虚入梦枝。
十载殿廷连步武，两来庸蜀抚疲羸。
莫愁中土无人识，自有明明圣主知。

——唐·薛逢《送司徒相公赴阙》

朱

家无余财
施政有方

郡望：沛国郡、吴郡、太康郡、凤阳郡、河南郡、丹阳郡、义阳郡

堂号：沛国堂、卢阳堂、白鹿堂、居敬堂、折槛堂、紫阳堂

廉洁人物：朱子福、朱观喜

朱姓主要得姓始祖为曹挟，他是颛顼帝的后裔，周武王灭商后封曹挟于邾国，邾国遗民去掉“邾”字的双耳旁，改姓朱。广东朱氏多为宋元时期从中原地区南迁的移民。他们主要由江西、福建等地进入广东。其中一支朱氏原籍婺源，后入福建，至十二世祖朱炫又自福建汀州迁广东南雄开基，十六世祖朱桥迁始兴，后又分迁翁源等地。

广东朱氏奉理学家朱熹为先祖，牢记《朱子家训》，在宗祠内常悬挂“鹅湖世泽，鹿洞家风”“负荆勤读，折槛旌忠”“鸾台夸气节，道院画禽鱼”“汉室忠臣旌折槛，理学心源忆考亭”等对联，歌颂并传承着先辈的气节和成就。如“汉室忠臣”指西汉名臣朱云，他当年进谏揭露安昌侯张禹巧言媚上，皇帝大怒，唤人将其押走，但他攀住殿槛，直至其断裂，犹力奏不止。这种忠直廉贞、不惧生死的精神深刻影响了朱子福。朱子福，明代南雄府保昌县城东门人。他潜心向学，积累学识，志向坚定，曾闭门苦学十载。

后在明永乐十九年（1421）考中进士，担任耒阳知县。任职期间，朱子福始终秉持清廉谨慎的作风，一心为民，施政多有建树，深受当地百姓爱戴。后遭遇亲丧，他在墓旁搭庐守孝，期满起用后转任行人司行人，两次出使胡地，不辱使命。返回时，在通州去世。他为官28年，家中却没有多余的钱财，将清正廉洁贯穿始终。

朱子福坚守“婚姻择配，朋友择交，毋致贪慕富豪，有玷宗体”的家规家训，重视家风传承，廉洁自守，影响了广东朱氏后人。广东省惠东县的朱观喜便深受其影响。朱观喜积极参加革命，历任平山区农会会长，惠阳县第一届农民协会委员长，广东省第一、二届农民协会执行委员以及东江革命委员会委员等重要职务。中华人民共和国成立后，朱观喜任职惠阳县供销社副主任、县政府秘书。任职供销社期间，物资分配环节诱惑众多，他却严守廉洁底线，秉持公平公正公开原则，确保物资合理流向所需之处。他全心全意为人民服务、认真负责的工作态度，得到了群众的赞誉。

“见不义之财勿取，遇合理之事则从。”朱氏家规家训中蕴含的廉洁思想，不仅是对勤俭节约的倡导，更是廉洁自律、修身齐家的重要体现。这种家训文化通过日常生活的点滴细节，教导家族成员要廉洁自身、择善而从，从源头上抵制不义之举，培养廉洁意识。

家训

读书志在圣贤，非徒科第；为官心存君国，岂计身家。

——《朱子家训》

廉箴

颠簸不失志，贫贱亦清廉。

——南宋·朱熹

伦

两世进士 孝德传家

郡望：南海郡、京兆郡、武威郡、辽东郡

堂号：南海堂、京兆堂、武威堂、辽东堂

廉洁人物：伦文叙、伦以谅、伦以训、伦以诜

伦姓源于姬姓，出自伶伦。相传，伶伦是中国古代音律的发明者。黄帝命令伶伦制定音律，演出成功后，黄帝非常高兴，赐伶伦以名为姓。伶伦的后裔子孙，便以先祖名字为姓氏，称伦氏。东莞望牛墩《横沥伦氏族谱》记录，伦氏原居京兆（今陕西西安附近），至宋迁居南雄。南宋末，伦元（字晚兴）为广州府学教授，遂与兄伯兴、亚兴、仲兴、宥兴迁居南海魁冈，是为南海伦氏之始。

今广州越秀区福地巷有伦文叙纪念广场，塑有一尊伦文叙石雕像，还辟有额名“状元府”的广府状元微型博物馆，供市民免费参观。伦文叙，字伯畴，《南海百咏续篇》曾记载：“福地巷，在西门擢甲里内，明侍讲学士伦文叙世居也，伯畴父子昆弟俱由儒士擢鼎甲一时荣盛故。”如此家风家教，当时明朝皇帝御赐在伦文叙家乡黎涌村前建牌坊，上书“中原第一家”。后来人们把此地称为“福地”，取人杰地灵之意。伦文叙自幼家贫失学，附近

何塾师见怜，免费收为学生。伦文叙因性聪敏又刻苦勤学，每次考试都名列前茅，有“神童”“急才”“鬼才”之称。伦文叙为官后，始终保持着清廉本色。明弘治十三年（1500），他到岳阳任通判，到任不久就以为官廉政、爱民如子备受老百姓赞誉。后来，他擢升为广东监察御史，断案如神的佳话在当地广为流传。

《伦氏家训》要求族人做到“三尊四务”：尊老爱幼、尊贤亲逊、尊师敬长，务怜孤、务恤寡、务济急、务解贫。其教育理念，并非以功成名就为首要目的，而是遵循道德为先、做人为先的原则。这也是造就伦家“父子三元四进士”的重要原因。伦文叙长子伦以谅为正德十一年（1516）解元（乡试第一名），同年中了进士，为官清廉，晚年告老还乡，生活俭朴；次子伦以训为正德十二年（1517）会元（会试第一名）、殿试榜眼（殿试一甲第二名），授翰林院编修，以学识渊博和廉洁自律闻名；三子伦以诜，嘉靖年间进士，官至南京兵部武选郎中，后因孝养母亲辞官归隐，生活清贫，专注于学问。

孝、和、勤、廉，这种以德为先的教育理念是伦家“父子三元四进士”辉煌成就的重要基石。伦氏家族的故事不仅是家族荣耀的象征，更是中华文化中重视道德教育和家族传承的典范。

家训

克勤克俭，毋怠毋荒。孝友睦姻，六行皆臧。礼义廉耻，四维毕张。

——《伦姓家训》

廉箴

书香波润庇后裔，小同世业能兴宗。

夙将三礼魁天下，弥洪经纬罗心胸。

始知造物有远鉴，高贤下列非不逢。

世无叔誉观中野，九原可作当公从。

——明·伦文叙《咏琼山唐公谊方先祖手植榕座》

华

多行善举
惟为民生

郡望：平原郡、武陵郡

堂号：平原堂、武陵堂

廉洁人物：华受宗、华云福、华宗达

华姓源出子姓，先祖契被舜任命为司徒，受封于商，世为商侯。后传至戴公，授公子考父，食采邑于华，因以华为姓。韶关华氏出自无锡武陵堂支脉。宝溪《华氏族谱》记载：明正统四年（1439），皇帝朱祁镇为巩固岭南地区的战略事态，派遣内阁中书华受宗从福建省上杭县白沙里到岭南地区巡查并加强开发。华受宗接旨后，即携家带口入广东省韶州翁源城北门暂居。次年（1440），当华受宗巡视到南雄府始兴县顿岗宝溪时，见此地树木苍绿、青山环绕，且土地肥沃、碧水潆洄，便在此承田八十余亩，建房造室，定址安家。

华受宗在此定居后，制订了十条家训：“孝敬父母，慎终追远。兄友弟恭，夫唱妇随。教本睦族，谨重妻配。嫁赘贤良，敬重斯文。勤业务本，忠君报国。”“第十训忠君报国”中明确指出：“人不必尽为朝臣也，而忠报国之心，则不可以无位而消灭。故夫孝子慈孙。戒骄奢，戒淫逸，戒赌博私宰，戒斗殴强横，戒酗酒乱性，戒盗窃败行；安分守己，急公奉上；耕田完租，收租完粮；借贷清偿，许诺慷慨……”数百年来，宝溪华氏族人便是遵循着这条祖训，一代又一代传承下来。因而，族中乐善之人层出不穷。华云福和华宗达便是其中典型的代表。

华云福，清代始兴顿岗宝溪人。华云福一生虽未入朝为官，但他乐善好施，克尽孝友，先后出资修建了官田桥、军田桥、新来桥等多座桥梁。当听说直隶南雄州修建太平桥资金不足时，他二话不说，踊跃捐款。此外，他还独资修建了天后坳茶亭，并置办田产二十余亩，将卖粮所得收入用于解决茶亭施茶的经费问题。天后坳是顿岗通往罗坝的重要通道，每天来往的行人络绎不绝，在此修建茶亭，不仅为行人提供了短暂休憩的场地，还解决了行人口渴的问题。

华云福的这些善举为解决南雄、始兴的交通问题作出了很大的贡献。他的儿子华宗达也效仿华云福，经常为乡民做好事。清道光七年（1827），华宗达独资在罗坝河汇入清化河的夹江口修建了一座双孔石拱桥，名为积庆桥。积庆桥位于县城通往清化、顿岗、罗坝的交通要道上，该桥建成后，极大方便了过往行人的出行，繁荣了县城至清化、罗坝的商贸往来。

家训

孝敬父母，慎终追远。兄友弟恭，夫唱妇随。教本睦族，谨重妻配。嫁赘贤良，敬重斯文。勤业务本，忠君报国。

——始兴宝溪华氏族谱《祖训十条》

廉藏

乐善好施，克尽孝友。

——民国时期《始兴县志》卷十二《列传上》

邬

廉洁传家 修德于乡

郡望：豫章郡、太原郡

堂号：豫章堂、太原堂

廉洁人物：邬彬、邬庆时

邬姓起源主要有两大支脉。一支源于妘姓，出自春秋时期陆终的第四子求言，他被封于邬邑，其后代以封地为姓。另一支源于祁姓，出自春秋时期晋国大夫邬臧的封地邬邑，其后裔以封地名为姓。广东邬氏多源自唐末五代时期中原地区的移民。他们先南迁至江西、福建等地，再沿赣南、闽西进入粤北扎根。此后，广东邬氏沿北江、东江、韩江流域向南发展，逐步扩散至粤中、粤东地区，并进一步向粤西、海南等地拓展。在南迁过程中，珠玑巷成为广东邬氏重要的中转站，许多邬氏族人在此定居并继续南迁，使广东邬氏在岭南地区广泛分布。

在广东，邬氏宗祠内常悬挂“礼义继宏才，厚泽远培开大业；文章昭显德，名贤毓秀衍丕基”“清海家声远，颍川世泽长”等对联，昭示邬氏的家族渊源和对后人崇德向善的美好期望。邬彬作为邬氏后裔，自幼便耳濡目染，后虽辞官处江湖之远，但仍不忘“忧其民”。他乐善好施，疏财仗义，在村中设帐施粥、施饭、施谷米，设馆施棉衣、棉被，以济贫者；与乡人商议成立册金局，筹款作为参加考试生员的印卷资金，促进乡间的文化教育事业；筹设广益会，出资在江鸥置沙田七顷，支持贲南书院办学，联络七乡建东山社，防御贼匪扰乱；向省城爱育善堂、香港东华医院赈捐，获当局建“乐善好施”牌坊表彰。

邬氏家族家风清廉，代代遵守家训，人才辈出。《邬氏光大堂族谱》记载，在宋、明、清三个朝代，邬氏家族共有34人通过科举考取功名，报效国家。邬彬父子“一门三举人，父子同折桂”的佳话更是广为传颂。著名学者邬庆时在担任《宝安县志》总纂时，首创“不用人、不支薪”的修志模式，所有采访、编纂、讨论、缮校等工作均义务完成，未动用公款。孙中山先生受其廉洁敬业的家风感染，先后对邬家四次题褒：“修德于乡”“懿德可风”“三族归仁”和“无间人言”。直到今日，邬氏子孙依旧贤能辈出，活跃在各个地区的不同行业，如著名人口学家邬沧萍、中国工程院院士邬贺铨等。

“人不可不知足，有谷粟便为富，何必良田万顷……”邬氏家族先贤结合“修身、齐家、治国、平天下”之道，总结家族治理经验提炼撰写的《邬氏家训》《治家要义》流传至今，在教育后人勤俭持家、洁身自好、克己自守、保持清正廉洁之风等方面仍具有重要作用。

家训

不贪为宝，于贫者尤宜慎。

——《邬氏家训》

廉箴

理财之道，苟或不当，其弊甚于司法。司法不当，仅一家哭耳，理财不当，则一路哭耳。

——邬庆时

刘

三祖遗训
传承千年

郡望：彭城郡、沛郡、弘农郡、河间郡、中山郡、梁郡、顿丘郡、南阳郡

堂号：彭城堂、汉里堂、豢龙堂、藜照堂

廉洁人物：刘天锡、刘彦忠

刘姓是多民族、多源流姓氏，祁姓刘氏为帝尧陶唐氏后裔，受封于刘国（今河北唐县），以国为氏开启宗族史册。夏朝时，其裔孙刘累因驯养龙兽得封御龙氏，后避祸南迁河南鲁山，被尊为得姓始祖。姬姓刘氏则发端于西周分封，周成王将王季之子封于刘邑（今河南偃师），东周刘康公承袭封国，形成另一支煊赫宗脉。广东刘氏先祖为宋代至明代期间的中原移民，他们或因为官，或为躲避兵祸，从赣、闽等地迁至南雄，其后裔自珠玑巷扩散至珠三角、粤东、广西等地。

汉高祖刘邦、汉光武帝刘秀和蜀汉昭烈帝刘备留下的“三帝遗训”，也叫“三祖遗训”，成为整个刘姓宗族的共同族训。其核心要义为任人唯贤，善用群智，务实为本，守正致远，德行为重，以义制利。南宋乾道年间，韶州司理刘天锡奉命筹建乳源县，以务本的精神发展教育，以贤达儒才开启民智，以德行为重兴文重教，将“三祖”的智慧熔铸于岭南蛮荒之地的文教建设中，开

创了乳源文明新篇。秉承刘秀“舍远谋近”的务实精神，刘天锡撤除20处无名浮屠寺，以“取其材砖”的务实态度，变废为宝建造教学课堂。面对乳源的落后局面，他广纳贤才，破除地域之限，招募曲江、乐昌等地学子，使乳源从“文教荒芜”一跃成为“俊秀云集”之地，他因此被誉为“开乳元勋”。

明代正统年间，乳源乡人刘彦忠则把“三祖遗训”熔铸于仕途与乡治。刘彦忠，字廷臣，明代韶州乳源县斗门都人。明正统年间，他由贡生授任汀州知事。他为官廉洁谨慎，崇尚道义，在临时掌管上杭县事务时，被梅溪寨贼寇邓茂七的余党抓住。但贼寇发现他是以清廉爱民著称的官员后，写状子给他，陈述被当地守令压迫为盗的事情。刘彦忠回到汀州府立刻禀报上司，更亲赴险境劝降，以“化敌为民”的智慧消弭祸端，使数百被胁百姓重归田亩。执政汀州期间，刘彦忠修陂沟以抗旱涝，督民耕作以固根基；遇百姓婚葬之困必解囊相助，化奢侈之风为节俭之俗。辞官归乡后，刘彦忠德润乡梓，侍母至孝“生死尽礼”，周济贫弱“雪中送炭”，调解纷争“以理服人”。从平乱安民到致仕归乡，刘彦忠以七品之身行圣贤之道，以“孝义传家”的实践，将“三祖遗训”从庙堂之高引入寻常巷陌，铸就岭南士大夫的精神丰碑。

刘氏“三祖遗训”凝练着跨越千年的处世智慧，作为全体刘姓宗族的共同精神圭臬，在立身处世、治家兴业、经国济世等层面构建起完整的行为准则体系。世代刘氏子孙始终以祖训为精神图腾，在宗族凝聚中汲取精神力量，皆以践行祖训为荣光，将“仁、礼、忠、勇”的家风精髓熔铸为永恒的精神烙印。

家训

敦孝悌，睦亲族，和乡邻，明礼让，务本业，端士品，隆师道。

——南雄市珠玑古巷刘氏家训

廉箴

山不在高，有仙则名。水不在深，有龙则灵。斯是陋室，惟吾德馨。

——唐·刘禹锡《陋室铭》

祁

却金不受
世守清白

郡望：太原郡、扶风郡

堂号：太原堂、扶风堂

廉洁人物：祁顺、祁敕

祁氏得姓始祖为春秋时期晋国大夫祁奚。祁奚是晋献侯的四世孙，因食邑于祁，遂以邑为氏。在历史发展过程中，祁姓逐渐从山西向南迁徙。唐宋时期，随着中原地区人口的南迁，部分祁姓族人也迁入广东。他们多由赣南、湖南等地进入粤北，扎根于韶关等地。从珠玑巷出发，祁姓族人继续向南迁徙，沿着北江、东江等水系向南推进，逐渐扩展到珠江三角洲地区。

“源自姬姓，望出太原”“亲仇不避，举荐惟公”“著静好集，留贞白操”等祁氏宗祠门联，不仅彰显了祁姓的源流与郡望，更体现了祁氏家族“内举不避亲，外举不避仇”的家风。在祁氏家族中，明代东莞人祁顺堪称廉洁奉公的典范，尤以出使朝鲜的事迹最为人称颂。成化八年（1472），祁顺奉命出使朝鲜。在朝鲜期间，国王多次赠送厚礼，祁顺均婉言谢绝。临别时，国王又送来十盆鲜花，祁顺发现花盆异常沉重，命人打开后发现里面藏有金银财宝。他立即将花盆原封不动还给国王。朝鲜国王和大臣被祁顺的浩然正气所打动，于是在鸭绿江边建立了却金亭，并刻碑纪念他的廉洁与正直。祁顺归国后，官至江西左布政使。祁顺一生为官30余年，却从未为家人积累财富。他去世时，家中一贫如洗，甚至连灵柩运回东莞的费用都要同僚捐资相助。皇帝为表彰他的清廉，特赐“世守清白”牌匾，悬挂于祁氏大泉布政祖宗祠内。

祁顺清正廉洁的精神深刻影响了祁氏族人，使得他们无论在本地繁衍还是迁徙他乡，都将清廉家风代代相传。其中，祁顺之子祁敕，在任刑部郎中期间，公正廉明，善决疑狱，被百姓称为“祁佛爷”。在嘉靖初年“伏阙争大礼”事件中直言进谏，虽遭受廷杖之刑，仍无所畏惧。尽管仕途坎坷，但他始终坚守清廉自守的原则，为后世树立了廉洁奉公的典范。虽然祁氏后人未能再现祁顺那样的显赫成就，但他们无论身处何种岗位，都坚守清廉自守、和睦乡邻的家规家训，成为岭南地区廉洁家风的典范。

“敬祖宗、敦孝悌、睦宗族、端伦常……”祁氏家训不仅在古代为祁氏族人树立了为官为人的准则，也在现代社会成为祁氏后裔坚守道德底线、传承优良家风的精神指引。

家训

非为者，或包揽金帛，侵欺花费，终者竟要卖产赔补不足，殃及子孙，甚而危及性命。

——《祁氏规范》

廉箴

内举不避亲，外举不避仇。

——春秋·祁奚

许

勇毅崇文
家国担当

郡望：高阳郡、汝南郡、河南郡、太原郡

堂号：高阳堂、洗耳堂、得仁堂、颍川堂

廉洁人物：许士坤

许氏的起源可追溯至上古时期。相传，许氏出自姜姓，为炎帝神农氏的后裔。周武王灭商后，封伯夷的后裔文叔于许（今河南许昌），建立许国。战国初期，许国被楚国所灭，其子孙遂以国为氏，称许氏，这便是许姓的重要源头之一。此后，许氏后裔在华夏大地开枝散叶，历经数千年的繁衍迁徙，在不同地域留下了独特的家族印记。许氏在韶关主要分布于翁源、新丰、仁化、乐昌和乳源等地。

在乳源瑶族自治县，许姓祖先于明代自闽迁粤，初居大布镇。明朝宣德年间，许氏四祖信德公沿西京古道北迁，立基乳源北部大桥镇。从乾隆年间到民国时期，这里一共出了150多位秀才、举人等，其中就包括忠贞清廉的勇士许士坤。许士坤于清道光十四年（1834）出生于乳源瑶族自治县大桥镇石墩村。年少的许士坤，对武术有着超乎常人的热爱与执着。每天鸡鸣之时，他便已在庭院中刻苦地练习武术。听闻朝廷招募勇士，许士坤毫不犹豫地投身军旅。在军队中，许士坤的高强武艺和无畏勇气得到了充分展现，他也凭借着赫赫战功，从一名普通士兵逐步晋升为将领。

在一场与外敌的激烈交锋中，清军局势岌岌可危。关键时刻，许士坤挺身而出，他带领自己的亲兵突围。最终，清军成功击退敌军。这让许士坤声名远播，朝廷赐予他“巴图鲁”的称号，这是对勇士的最高赞誉。随着战功的不断积累，许士坤一路升迁。在为官生涯中，许士坤始终坚守清廉底线，下属们知晓他的刚正，不敢有丝毫违规之举；地方豪绅妄图通过贿赂打通关节，都被他严词拒绝。每一笔军饷开支，他都亲自核查，确保分毫不差地用在士兵身上，保障军队供给。在地方事务上，但凡涉及民生工程，他必定全程监督，杜绝偷工减料、中饱私囊，让百姓切实受益。

许士坤不仅是一位杰出的军事将领，更是一位心怀百姓的仁人志士。在他的管辖区域内，他时常微服出巡，深入民间，了解百姓的生活状况。遇到灾荒之年，他第一时间组织开仓放粮，亲自监督粮食的发放。他还积极鼓励百姓开垦荒地，传授先进的种植技术，严查取缔烟馆，主张百姓禁食大烟，严打鸦片走私。他还鼓励珠江口一带的商人大力发展民族工商业，减少列强通商贸易带来的外来商品倾销影响，建立广东民族品牌。

许士坤始终坚守着自己的职责和信念，直至生命的最后一刻，他都在为国家和百姓奉献着自己的一切。他的故事，成为激励后人不断前行的精神力量，永远铭刻在人们的心中。

家训

勤读书，孝父母；教子孙，亲节俭。

——许氏家训

廉箴

梨虽无主，我心有主。

——元·许衡

阮

布衣奇士
审计先驱

郡望：陈留郡、太原府、九阮郡

堂号：陈留堂、太原堂、九阮堂、竹林堂、敦伦堂、文焕堂、敦善堂、余庆堂、世懋堂、敬思堂、名贤堂

廉洁人物：阮榕龄、阮啸仙

阮姓的主要起源可追溯至商朝时期的阮国。阮国位于今甘肃泾川，由皋陶氏后裔建立。商末，西伯侯姬昌灭阮国，王族以国名为姓，形成阮姓。汉唐时期，阮姓在陈留郡（今河南开封）发展壮大，后因魏晋南北朝战乱南迁，分布于江苏、浙江、安徽等地。唐宋时期，阮姓进一步经福建入南雄珠玑巷，后沿韩江、东江迁至广东冈州（今江门新会）、粤东、粤西、云南、浙江。

阮姓家训以“孝悌、励志、崇学、务实、清廉”等为核心理念。子孙因仰慕魏晋时期竹林七贤之一的先祖阮籍，堂联多用“陈留”“竹林”“七贤”。清代新会潭冈人阮榕龄毕生践行家训精神，以治学严谨、考据精审著称，被誉为“布衣奇士”。他少慕圣贤，家贫苦读，弃科举而专研学术，博通经史子集，兼涉天文、地理、农医、佛道诸学。其著述宏富，尤以“白沙学”研究影响深远，著有《编次陈白沙先生年谱》《白沙丛考》《白沙门人考》三部奠基性文献，广征正史、金石、家谱等150余种文献，考订陈献章

生平、学术及门人事迹，收录门徒达176人，远超旧志。阮榕龄还曾参与道光《新会县志》编纂，史料翔实。梁启超誉这部县志为“全国诸志中称善焉”。阮榕龄亦倾力修纂家谱，以考据眼光辨伪存真，力驳旧谱附会竹林七贤后裔之说，主张“无可考则阙疑”，反对攀附名人，彰显务实之风。

而在民国时期，另一位河源阮氏名人，秉承“坚忍卓绝、艰苦奋斗”的家训，由家到国，为中华人民共和国的成立披荆斩棘，献出生命。他就是中国共产党早期党员、广东青年运动先驱、农民运动领袖、人民审计制度创始人阮啸仙。他于1921年加入广州共产主义小组，成为中国共产党最早的50余名党员之一。1923年至1926年他从事农民运动时，曾任仁化县安岗村苏维埃政府主席，足迹遍布岭南岭北的广大农村，撰写了《中国农民运动》。该书成为指导当时农民运动的重要文献。1934年他出席中华苏维埃第二次代表大会，当选中央执行委员，主持中央审计委员会，首任中央审计委员会主席。他廉洁自律，首创审计监督体系，对审计人员职业操守提出“六不准”：不准偏听偏信；不准弄虚作假；不准查漏或做不精准统计；不准徇私用情；不准吃馆子或吃公饭，外出审查一律自带干粮；不准收受被审人员任何物品。阮啸仙被誉为“红色审计第一人”。

阮啸仙在与儿子的通信中，教导儿子“事无大小，都有它的道理。想见识多，有能耐本事，不必向上海或国外花花世界学，随时随地随事都是书本”，可见阮氏家训虽然没有“治家格言”一类的完整文本，但通过通信或诗词里治家教子的勉励训诫，身体力行，从政为文，为后代留下特有的“家训文化”。

家训

坚忍卓绝、艰苦奋斗。

——河源阮氏家训

廉箴

翡翠珊瑚列满盘，不教尔手亦相拈。男儿立志初生日，乳饱饴甘便要廉。

——清·阮元

麦

忠勇将军 宿国流芳

郡望：始兴郡、汝南郡

堂号：始兴堂、宿国堂

廉洁人物：麦铁杖、麦孟才、麦文贵

韶关麦氏先祖来自浙江松阳。西晋时有一位大臣麴允，其子孙多任显要官职，后避五胡之乱，合二十四户南徙入粤，至始兴而居。始兴堂《麦氏族谱》记载，至隋朝，有麦铁杖者，东征辽东，屡立战功，仕至右屯卫大将军，其日行百里，吃麦三斗，故帝赐姓“麦”，其子孟、仲、季三才皆为仕宦。麦氏由此开基始兴郡，居地南雄府保昌百顺里。宋代铁杖公第十六世孙必蒙、必秀、必达等为避兵乱，南迁珠三角宝安、小榄、鹤山等地及江西南康等地开基；始兴余下麦氏后裔，分布南雄百顺、始兴城南和沈所等地。今在韶关南雄、始兴、仁化、翁源等地均有麦氏后裔分布。

始兴堂麦氏开基之祖麦铁杖（574—612）为隋朝大将军。他勇猛而有膂力，能日行百里，且喜交友，重信义。南朝陈太建年间成为朝廷奴仆，专给陈后主撑伞。隋灭陈后，麦铁杖转入大将军杨素军中，屡立战功。开皇十六年（596），朝廷任命其为车骑将军，跟随杨素北征突厥，加封为上开府。隋炀帝即位，汉王杨谅在并州谋反，麦铁杖又跟随杨素征讨，后任柱国大将军。不久调任莱州刺史，再转任汝南太守，渐学法令制度，群盗绝迹。不久，麦铁杖又调任右屯卫大将军，隋炀帝对他更加信任。麦铁杖认为隋炀帝对他恩重如山，常怀尽忠报国之志。大业八年（612），隋炀帝征讨高句丽，麦铁杖请求当前锋。即将要横渡辽河之际，麦铁杖对他的三个儿子说："阿奴当备浅色黄衫。吾荷国恩，今是死日。我既被杀，尔当富贵。唯诚与孝，尔其勉之。"渡河时，桥未完工，离东岸还有几丈远，高句丽军大批涌来。麦铁杖跳上岸，与高句丽军拼搏，奋战至死。

麦铁杖的英勇令隋炀帝闻之落泪，称"铁杖志气骁果，夙著勋庸，陪麾问罪，陷阵先登，节高义烈，身殒功存。兴言至诚，追怀伤悼，宜赉殊荣，用彰饰德。可赠光禄大夫，宿国公。谥曰武烈"。麦铁杖之子麦孟才承袭爵位，后授为光禄大夫。仲才、季才两个弟弟都被拜为正议大夫。

麦孟才牢记父亲麦铁杖临终前的遗言，不仅承袭了父亲的爵位，也继承了父亲的果敢和忠诚。隋末，宇文化及在江都叛乱，杀炀帝。麦孟才慨然有复仇之志，与武牙郎钱杰说："吾等世荷国恩，门著诚节，今贼臣弑逆，社稷沦亡，无节可纪，何面目视世间哉！"两人扼腕流涕，密谋联络恩旧，欲于显福宫邀击宇文化及。不幸被人告密，麦孟才等均遇害。

在麦氏的后裔中还有一位值得铭记的历史人物，那就是麦文贵。麦文贵，字少武，号雪轩，历史学家，元朝南雄路保昌县人。笃志力学，博极书史。元至元间，以博学荐起为湖广行省检校，后拜中奉大夫，集贤学士，修辽金宋三史。

家训

唯诚与孝，尔其勉之；自强不息，切志功名；在营办事，常存勤慎之心；随宪巡洋，定鼓奋勇之力。

——《麦氏祖训》

廉箴

吾荷国恩，今是死日。我既被杀，尔当富贵。唯诚与孝，尔其勉之。

——隋·麦铁杖

严

春山世泽
奉公好义

郡望：天水郡、冯翊郡、华阴郡

堂号：天水堂、富春堂、调山堂、古秋堂

廉洁人物：严与敬、严毓元、严凝禧

严姓主要源于庄姓，是中国南方典型的姓氏之一。东汉时因避讳明帝刘庄，改姓为严。严姓人奉严忌为始祖。魏晋时期，部分严姓恢复庄姓，故有“庄严一家”之说。广东严姓多是唐宋时期因中原战乱和人口南迁而来的中原移民。他们最初由江西、福建等地进入粤东地区，随后沿珠江流域向粤中、粤西扩散，部分族人甚至进一步迁徙至海南、广西等地。自珠玑巷迁出的有广州荔湾茶滘、中山南朗濠涌等地严氏。

在广东严氏祠堂内，随处可见“春山世泽，天水源流”“春山世泽，天水家声”“春山俎豆，天水衣冠”等对联。所谓“春山”，是指汉代会稽郡余姚人严光，他少年时曾与光武帝刘秀一起游学，刘秀称帝后打算以高官相授，严光却隐姓埋名，归隐富春山。严氏先祖这种清廉自守，不求名利的品格深刻影响了后人。严奉公严与敬便是他们中的典型代表。明万历年间，当归善县要迁回水东，重新选址选到严氏祖居地时，严奉公“仗义献出”，将子侄迁到城源塘、阳坑、阳背、坦湖仔等地，并拒绝政府的“给价”，只求“免子孙人丁杂派”。修《归善县志》者叶适赞叹：“严奉公先朝聚族东平，万历三年捐通族祖居为县署地……不受公家之直，义矣！”为了表彰严奉公的义举，当局在县署建成后还将此事勒石署前，以垂永久。

严氏族人重视家族传承，始终将廉洁奉公铭刻于心。除了严奉公，以廉洁无私、乐善好施而被青史铭记的严姓族人还有严毓元、严凝禧等。严毓元有“严青天”之称，在始兴县训导兼代理知县任上，他事事精核廉谨，控制一切开销，廉洁奉公，铁面无私，“民有严青天之歌，士则有‘先生清似水，后学仰如山’之颂”。严凝禧一生乐善好施。他的家乡下荷塘有一条河流与铜湖相接，每逢春夏霖涝，河水便波涛汹涌，渡河者多有淹溺。对此，严凝禧倾资修筑了一座浮桥，以利乡亲，这座桥也因此被人称为“严公桥”。

“职业当勤、赋役当供、争讼当止、节俭当崇、守望当严……”严氏家训不仅规范了族人的行为准则，更在潜移默化中塑造了家族的精神内核。它教导族人以勤奋立身，以勤俭持家，以仁义待人。正是这些朴素而深刻的训诫，使得严氏家族在历史的长河中代代相传，生生不息。

家训

二戒曰奢，奢侈同流，古圣所戒。一存此心，犹如无缰之马，无舵之舟，势不至溃败不止。况士庶之家所入几何，财源虽开，财流不节，究竟所入不供所出，所得不偿所失，少年浪费，老景艰辛，回忆从前，愧悔莫及。

——《严氏家戒二则》其二

廉箴

嗜欲者，溃腹之患也；货利者，丧身之仇也；嫉妒者，亡躯之害也；谗慝者，断胫之兵也；谤毁者，雷霆之报也；残酷者，绝世之殃也；陷害者，灭嗣之场也；博戏者，殚家之渐也；嗜酒者，穷馁之始也。

——东汉·严光《九诫》

苏

为官必廉
清白家风

郡望：武功郡、扶风郡、河内郡、武邑郡、蓝田郡、洛阳郡

堂号：武功堂、扶风堂、蓝田堂、洛阳堂、芦山堂、眉山堂

廉洁人物：苏葵、苏兆征

苏姓始祖为颛顼高阳氏的后裔苏忿生。相传苏忿生是周武王时期的司寇，因功被封于苏地（今河南温县），其后代子孙以封地为姓，称为苏氏。广东苏氏多为宋元时期中原地区的北方移民。他们先由中原地区南下，进入江西、湖南等地，然后沿湘江等水系进入广东。在广东，苏氏先在珠玑巷扎根并发展壮大，后逐渐扩展至珠江三角洲地区。目前，其主要分布在粤东、粤中和粤西等地。

在广东，宗祠、祖祠内往往会有门联、堂联，“五教传诵，片言息争”“引锥刺股，仗节全忠”“武著千秋源苦竹，功传万代念芦山”“瑞雪飞花，映中郎之节；金莲绚彩，辉学士之文”等便是苏氏家族的通用门联，不仅彰显了苏氏家族对先祖的崇敬，也体现了家族传承的家风与期望。苏葵始终坚持良好家风，廉洁自持，影响他人。他是明代韶州乳源县斗门都人，明永乐三年（1405）在乡试中中举，随后担任知县一职。他以廉洁清明、刚正耿介著称，任职期间施行惠民政策，深受百姓爱戴。离任后，苏葵回到家乡，始终坚守廉洁底线，从不到官府进行私下拜谒，展现了一位清官的高尚品德。他的廉洁事迹在当地广为流传，他成为后世苏氏家族的楷模，激励着族人传承清正廉洁的家风。

苏氏家风深刻影响了广东苏氏族人，苏兆征便是其一。苏兆征，广东香山人，是中国共产党早期重要领导人之一，中国工人运动的先驱和著名领袖。他投身革命后三次掌管财政大权，始终廉洁自律。在海员工会时，他每月开会汇报账目，收据供与会者查阅，相关文本在会刊按月登载，做到财务透明公开。省港大罢工期间，他兼任财政委员会委员长，亲自募捐筹款、支配经费。每隔两日向代表大会报告账目，发行账目专刊供工会审阅。他要求对侨胞捐款详细登记、及时函谢，经费开支精打细算，严禁浪费挪用。1926年，罢工委员会失火致账册丢失，面对贪污谣言，他冷静应对，找回账册后成立清账委员会进行核对，最终证明确无差错。苏兆征用行动践行了公平、廉洁、严肃的财务理念，深受工人信任与赞誉。

苏氏家族强调“事君必忠，为官必廉”，要求子孙在为官时要廉洁自律，不贪不占，以清正廉洁的形象赢得百姓的尊重和信任。苏氏家规家训不仅为苏氏家族的子孙后代树立了廉洁奉公、勤俭持家的道德准则，也为整个社会的廉洁文化建设提供了宝贵的精神财富。

家训

虽贫富不齐，或农耕采桑操井臼之类，在所不免，而清白之家风自在。

——《苏氏家训》

廉箴

管理财务工作有三个法宝，能够善于运用这三个法宝，任何复杂的工作、任何困难的财务，就都能管好。所谓三个法宝，就是公平、廉洁与严肃。

——苏兆征

李

科甲世家
学士清贵

郡望：陇西郡、赵郡

堂号：陇西堂、赵郡堂

廉洁人物：李林

《元和姓纂》记载，李姓是上古时代颛顼帝高阳氏的直系后裔，以“理”为姓，一直传到殷朝，因他们的族长理征得罪纣王，纣王要灭理族，理征有个儿子叫利贞，逃到一废墟避难，因饥饿难耐，吃了周边的果子得以保命，便以“木子”为姓以作纪念，改姓李。韶关李氏主要出自陇西堂支，奉李火德为入粤开基祖。史载南宋淳熙年间，李火德先自陇西迁居赣州府石城渡，后再自石城渡迁居福建宁化石壁，其后裔分别徙迁至粤北南雄、仁化、始兴、新丰、翁源、乳源各地。南雄新田村还有一支李姓于西晋建兴年间搬来此地卜居。

李姓在韶关属大姓，且出仕为官者多，如明清时期，始兴李姓成为望族，在公衙中的李姓官员占据大半，民间谚语有“陈半县，李半衙”之说。韶关翁源李氏为官清廉的杰出代表人物是李林。李林（1656—1735），字培生，号韶石，生于翁源翁城，少怀大志，勤奋好学。康熙三十二年（1693）

中举人，康熙三十六年（1697）参加会试获取会元，后高中进士，授翰林院庶吉士。李林入仕后，官至翰林内阁纂修。李林1712年被钦定为雍正的学师，1717年又被选为乾隆的专职学师。

清康熙四十四年（1705），在澹宁宫御试中，李林获“钦点第一”，担任起三朝国史和《大清一统志》主编的重任。虽然身为朝廷大员，位高权重，但李林为人正直、洁身自好。康熙四十五年（1706），李林受命调到礼部任同考官，极力杜绝送礼行贿之风，严拒私情请托办事。其间，李林曾两次出任云南省乡试副主考官。任副主考官时，李林始终坚持清正廉明，因此结识知名人士颇多，名士吕文缨、熊本等人皆出其门下。他常说：“自古文人就清贫，而文人之立身之本，要以德行为先。”他在翰林院评卷时，常焚香祷告天地，但愿卷卷能录到忠孝之文。因此，评卷极其认真，反复审阅，孜孜不倦。他的廉洁奉公感动了朝廷，康熙五十一年（1712），康熙皇帝特赐李林“学士清贵”的称号。康熙五十九年（1720），李林致仕回到老家，专心教育后代子孙。

李林拥有如此才学，与翁源李氏的家学渊源密不可分。据载，翁源县翁城镇五一村横街李屋在明清时期乃书香门第。明宣德五年（1430），翁源李氏开基之祖李华参加京城会试，成为迁翁李氏第一代贡士，从此开启了“科甲世家”的荣光。康乾盛世，是横街李家发展兴旺的高峰时期。横街李氏之所以人才辈出，皆因李林重家教、知礼诚信，他曾建立“李氏书室”，兴学育才。在家风和学风熏陶下，族中子弟勤奋好学，成才者众，李林及其三子之萼均被举为孝廉方正，成为父子同举孝廉的典范。

家训

为主贪必丧其国，为臣贪必亡其身。以铜为镜，可以正衣冠；以古为镜，可以见兴替；以人为镜，可以知得失。人之立身所贵者，惟在德行，何必论荣贵。

——南雄陇西堂李氏族谱《太宗圣贤遗训》

廉箴

自古文人就清贫，而文人之立身之本，要以德行为先。

——清·李林

杨

四知家声 廉洁为本

郡望：弘农郡、天水郡、河内郡

堂号：弘农堂、关西堂、四知堂

廉洁人物：杨震、杨洞潜

杨姓始祖为周武王姬发之孙、叔虞次子杨杼公，相传周襄王念其先人功勋，封杨杼公于杨（今山西洪洞东南范村东古城一带），称杨侯。其子孙以国为姓，逐渐繁衍壮大。广东杨氏多源自中原地区的移民。据记载，梅州杨氏始祖杨云岫，是庐陵杨氏始祖杨辂的第五个儿子。他在游览梅州山水时，见此地山清水秀，便筑室定居，成为梅州杨氏乃至广东杨氏的始祖。此后，广东杨氏逐渐发展壮大，他们先在梅州、潮州等地扎根，然后沿韩江、东江等水系向粤东、粤北方向推进，再进入粤西、珠三角地区，甚至迁徙至海南、广西等地。

“三公泽世，四杰传芳”“四知家声远，清白世泽长”“载福勋名垂宇宙，云中旭日吊英贤”“忌我何尝非赏识，欺人毕竟不英雄”是杨氏宗祠的通用对联，其中，“四知家声远，清白世泽长”体现了杨氏家族以“四知”家风为核心的家训文化。这一家风源自东汉名臣杨震，他以“天知，神知，我知，子知"的名言拒绝贿赂，成为后世杨氏族人清正廉洁的典范。

在韶关始兴，有一位在五代时期南汉任过宰相的杨洞潜，他的故事也充分体现了杨氏家风的传承。杨洞潜出生于官宦世家，历任大理寺评事、节度副使、御史中丞、兵部侍郎、同平章事（宰相）等职。917年，刘龑荡平岭南，在广州称帝，国号大越。第二年，刘龑改国号为汉，史称南汉。杨洞潜升任兵部侍郎、同平章事。在杨洞潜的辅佐下，早期刘龑治下的南汉政权稳固，岭南人民安居乐业，文化、军事和经济得到迅速发展，国力日益强盛。刘龑晚年昏庸，不理朝政，大兴土木，广建行宫，招纳美人，四处游乐，生活奢侈。杨洞潜见朝廷黑暗，人心思乱，不愿同流合污，于是称病归隐，最后病逝。后人对杨洞潜评价为：梁唐之世，天下大乱，而岭南人民安居乐业，没有受到战乱的影响，这都是杨洞潜的功劳。

"重宗本、明人伦、睦宗亲、正名分、训男子、慎婚姻、重内德……"，杨氏家规家训不仅规范家族成员行为，更通过教育引导族人履行社会责任，培养道德修养，为社会树立榜样，推动廉洁文化传承。

家训

守礼法，尚廉职。敬祖宗，孝父母。亲兄弟，睦族党。

——南雄、始兴《杨氏族谱》之《家规》

廉箴

天知，神知，我知，子知。何谓无知！

——东汉·杨震

吴

文武相彰 忠义同昭

郡望：延陵郡

堂号：渤海堂

廉洁人物：吴侃、吴世宝、吴广

吴姓源于黄帝后裔，主要分为两支：北方一支在公元前620—前561年分布于齐、鲁、晋等地，南方一支则分布于湖南、湖北一带。韶关吴氏主要出自延陵郡渤海堂。福建上杭分别有两支迁入粤北。一支相传始迁祖为吴侃，于宋理宗宝庆二年（1226）任南雄别驾，任满后定居始兴，后裔分布于始兴隘子、江口、太平等地；另有迁翁源支后裔，分居九龙水、新塘下西。还有一支于明万历年间由福建上杭瓦子街迁出，几经辗转迁徙到翁源庙墩牛子圳、松塘、九仙，其后裔分布于始兴、翁源、仁化、曲江等地。

翁源吴氏一族，历代人才辈出，衣冠济济。吴世宝便是其中的杰出代表。吴世宝，字邦善，别号碧淡，明代翁源县长安乡琰头铺人。吴世宝大器晚成，49岁方得贡生，在廷试中脱颖而出，任广西南宁府宣化县知县，累官至太仆寺丞、晋周府长史等职。吴世宝初到宣化，便调集民工，任内修建了铜鼓陂水利工程，解决了当时乡民土地灌溉问题，使农田旱涝保收，人民深得其利。吴世宝秉性忠厚诚笃，为人谦让仁义，但疾恶如仇、一身正气，办案明辨是非、赏罚分明。县里有个名叫肆弧的恶霸，乡亲邻里对其敢怒而不敢言。一天，一个挑粪妇女路过肆弧院宅大门时不慎被石头绊脚，将粪水洒了一地。肆弧看见家门前污秽之物，认定妇人毁坏他的风水，立即呼唤家丁对妇人拳打脚踢，逼她舔吃污物。妇人受到毒打和侮辱，差点身亡。乡村邻里代妇人到衙门击鼓告状。吴世宝公正办案，判罚肆弧赔偿农妇银子百两并将打人者拘役三个月，责令肆弧登门向农妇赔礼道歉。肆弧不服，指派爪牙到村子欲施行报复。吴世宝获悉，暗中派兵戒备。肆弧领人欲寻衅动手时，被设防官兵当场缉拿。吴世宝在任上还提倡文明礼貌，重视教育，推行以孝善为先，在宣化任职三年间，做到了为官一任，造福一方。嘉靖十八年（1539），61岁的吴世宝任满归养，回到翁源。第二年，时任韶州府知府符锡批准翁源县立坊，并亲自写下了“太仆坊”匾额，以示表彰。

翁源吴氏历史上还有一名家喻户晓的抗倭名将吴广。吴广（1540—1601）原名世秀，字邦军，翁源县九龙铺大吴屋村人。明万历二十五年（1597）被授副总兵，率兵援朝抗倭。万历二十八年（1600）升为总兵，奉命征讨播州（今贵州遵义）苗民义军，翌年卒于任内，追赠“都督同知”，世荫指挥佥事。吴广与翁源另一名抗倭名将陈璘将军曾协力作战，灭倭寇四万余众，因功写入《明史》。

家训

居官之善五：曰廉介、曰明决、曰勤慎、曰宽重、曰忠信。修身之过五：制行阴险、用意刻薄、立心虚诈、行止不检、动止无仪；居官之过三：污浊不振、残酷不明、轻浮寡信。

——翁源吴氏族谱家训

廉箴

久慕前修雍睦名，教家须此逐生平。父兄慈爱惟初志，子弟愉怡是本情。事事有条应克济，人人命义信能成。于今面领叮咛嘱，全赖留心以笫行。

——明·吴世宝《章儿别汴，吴世宝诗以勉之》

岑

甘贫自守
教泽流芳

郡望：南阳郡

堂号：南阳堂

廉洁人物：岑毓鹏

岑氏源自姬姓。周文王姬昌有个弟弟叫耀，耀的儿子叫渠，因在平定商纣王中获战功，周武王便封渠在一个叫“岑亭”的地方建立国家。其地是当时的梁国北部，即现在陕西省韩城一带。后来，人们称渠为“岑子”。其后代子孙因此姓“岑”。唐代及其以前，岑姓昌盛于南阳郡之棘阳，即今河南新野，其世代人才辈出，出将入相，可谓天下之名门望族。五代以后，岑姓渐次南移，韶关曲江岑姓于元末从江西迁至曲江白土中乡仁寿里开基。

“小谷彰德化，榜栳见高洁”，这是曲江岑氏宗祠中的一副对联。上联典出明朝时期的南京户部给事中岑用宾，岑用宾历任绍兴守等职，宽和立教，务在德论，有《小谷集》；下联典出元朝时期的名士岑安卿，岑安卿所居近榜栳峰，因以自号，安卿志行高洁，有《榜栳山人集》。两位先贤一以“德化”垂范，一以“高洁”立标，恰是岑氏家风的早期典范。岑氏自在曲江白土中乡开基600多年来，非常注重家风传承，以“立行必诚而无伪，御下必恩而有礼”的理念教育族中子弟。岑毓鹏就是在这样良好的氛围下成长起来的优秀人才。

岑毓鹏，字展翼，清代韶州曲江白土人，曾任乐会（今海南省琼海市博鳌镇）教谕。岑毓鹏自幼好学上进，聪敏过人，对科举考试的学业钻研精深，通过岁贡的途径被授予乐会教谕的官职。在任职期间，岑毓鹏甘于寂寞清贫，坚守职业操守，尽职尽责地抓好校务管理，为改变乐会教育事业落后的面貌作出了积极的贡献。他辞官回乡后并未赋闲，而是继续做教育行当，韶州人都钦佩他的学问和品行，争相邀请他担任老师。岑毓鹏教导学生时授学严谨，教导学子一定要把道德品行放在首位，跟从他学习的弟子中，数人考取功名，皆以“清廉守正”闻名乡里，众人皆说展翼先生教得好。

鉴于岑毓鹏为韶州培养了大量优秀的人才，当地官员为他申请担任乡饮正宾。所谓乡饮正宾，并非官职，而是一种荣誉性职位。这一职位每年由各州县遴选德高望重之人，一人为宾，次为介，再次为众宾。向上级详细报送举行乡饮酒礼，推荐造册批复后称为“乡饮耆宾”。虽然岑毓鹏不享有行政权力，但其德高望重，受人尊敬，可见韶州地方官员对他的才学品德高度认可。

宦海微澜非贵胄，儒林重墨有清名。岑毓鹏一生虽未做过大官，但他学问深厚，教书育人，名扬乡里，州、县都将他的事迹录入地方志书人物传记中。

家训

守分奉公，及人推己。

——《岑氏家训》

廉箴

上马带吴钩，翩翩度陇头。小来思报国，不是爱封侯。

——唐·岑参《送人赴安西》

邱

文翰清鉴
翰林遗风

郡望：扶风郡、吴兴郡、河南郡

堂号：河南堂、扶风堂、吴兴堂、敦睦堂

廉洁人物：邱文翰

邱氏源出姜姓。西周初年，姜太公（又名吕尚）受封于营丘（今山东昌乐东南），以地为氏。韶关邱氏有南雄、始兴、翁源、乐昌等数支，氏族主要源自中原。据谱载，五代十国时，山东、河南各支南迁。南雄邱氏一脉系南宋时由江西吉水迁徙入粤，开基祖邱本成官至元朝南雄路总管同知，其兄弟四人皆以科举起家，世称“吉水四杰”。明永乐年间邱复初中举后，该支渐成岭南望族，以邱文翰成就最为卓著。

邱文翰（1449—1504），字浩章，号云崖，明代南雄府保昌县人。其孝廉事迹堪称典范：15岁侍父任所时突遭母丧，哀毁骨立，与父扶柩归乡守孝，日以经史自勉。17岁补为弟子员，成化十年（1474）以《尚书》夺魁乡试。后赴金陵师从商素庵十年，虽拒邱濬举荐，仍矢志科场。成化二十年（1484）终成进士，授翰林院检讨，掌修国史，为岭南士子入翰林之先驱。

在翰林任上，邱文翰秉持“史笔须承董狐志”的信念，主修《宪宗实录》，其间考订精详，所撰制诰文辞典雅，深得台阁体精髓。丁父忧归乡时，变卖田产创办云崖书院，参照朱子《家礼》重建乡约制度，三年间培养出举人7名、秀才40余名。吉王朱见浚闻其贤名，特奏请加授中宪大夫，委以王府教席。在长沙藩邸14载，邱文翰制定《训蒙十二则》，独创“经义六步法”，门生中进士者达9人，其教学法后收录于《南雄府志·儒林篇》。

邱氏家风以“孝廉双修”著称，《保昌县志》载其遗训：“立身首重孝悌，治学必究本源，居官当思清白，处世勿忘桑梓。”邱文翰五子皆承庭训，长子邱继善任柳州同知时，曾仿父制凿灵渠支流惠及三县，离任时百姓赠“翰林遗泽”匾额。至今南雄邱氏宗祠仍悬“四世簪缨”木坊，正厅楹联“十载青灯照汗简，半襟明月照冰心”，正是对其家族精神的凝练写照。

家训

居官守三尺法，立身怀九原志。

——南雄邱氏云崖公家训

廉箴

翰林风骨自嶙峋，铁砚磨穿未染尘。

三卷残编酬圣主，九畦祭田证冰心。

讲帷十载传薪火，藩邸千秋树德音。

莫道书生唯笔砚，云崖高处有清箴。

——清·保昌教谕李兆麟《谒邱翰林故宅》

何

清廉知耻 不名一钱

郡望：庐江郡、陈郡、东海郡

堂号：庐江堂、水部堂、四友堂、忠孝堂

廉洁人物：何子道、何梦瑶

据1921年统修的《庐江郡何氏大同宗谱》载，何氏得姓始祖之一为何允，相传他是战国时期韩国王室后裔，因避祸改姓何。广东何氏多为中原地区的北方移民。这些何氏族人在唐宋时期大量南迁，先由中原地区南下，进入粤北扎根，然后沿珠江水系向南推进，逐渐扩展到广东各地。始兴何氏源出何亶一脉。据族谱载，先祖何亶为五代后梁进士，闽西宁化尹，迁梅州守，其后裔由福建入粤，分迁程乡、海阳、长宁，而后分迁始兴，再迁南雄。

“庐江世德，东海家声”“家传三桂，学贯六经”“书香郁郁光前烈，世泽绵绵洽后昆”“千年履舄遗丹井，百代衣冠拜古祠”是广东何氏宗祠常悬挂的对联，展现了何氏家族世代传承的优良家风与品德。何氏家族的廉洁故事中，何子道的事迹尤为突出。何子道，明代南雄府始兴县人。明穆宗隆庆元年（1567），何子道被选授为南宁通判，后改任赣州经历、顺天主簿等职。何子道牢记何氏家训，入仕后以“尽忠、守信、有礼、重义、清廉、知耻”十二字作为自己的行为准则，为官清廉，处事公正，兢兢业业，任劳任怨。因此，在所任职的岗位上政绩卓著，颇有声望，得到了当地仕人和百姓的爱戴。作为官场一股清流，何子道深得士大夫的赞誉，当时的翰林学士余孟麟曾写文章称赞他：百姓都蒙受其福泽。其后代仰仗遗留的福荫……同样荣耀地获得禄位，在京兆城声名远扬。

何子道重视家族治理与家风传承，一生为官清廉，以身作则，其事迹在家族中广为传颂，成为何氏家族廉洁家风的重要源头。同为广东何氏族人，清代南海的何梦瑶可谓继承了他的廉洁精神。何梦瑶历任广西多地县令及奉天辽阳州牧，为官期间关心百姓疾苦，不贪恋官场利益，常“不名一钱”，“贫不能具舟车”。在广西任职时，他亲赴“深箐叠嶂”的少数民族地区，成功化解当地长期械斗的问题；面对瘟疫，他亲自施药诊治，广受赞誉。他一生淡泊名利，廉洁自守，以高尚品德和人格魅力成为后世学习的榜样，激励着后人追求廉洁奉公的高尚情操。

“以廉为荣、以贪为耻”是何氏家训的核心理念之一。何氏家规家训将廉洁奉公视为家族成员修身处世的基本准则，强调“廉”为本，“孝”当先，要求族人无论为官还是为民，都要坚守清廉底线。这种廉洁观念不仅体现在家族成员的个人修养上，更通过家训的传承，成为何氏宗族几百年来共同的价值观和行为规范。

家训

守信、有礼、重义、清廉、知耻。

——《何氏家训》

廉箴

人生在世，富贵非所求，遇事由其分，随遇而安，何处不自在？

——三国·何晏

余

风采动人
流芳百世

郡望：新安郡、吴兴郡、高阳郡

堂号：新安堂、忠宣堂、四谏堂、八贤堂

廉洁人物：余靖、余叔英

余姓的起源有多种说法，由余被尊崇为余姓始祖。由余是春秋时秦国的上卿，相传他是史上最早提出“仁治”说法的人，曾为秦国富强、统一天下奠定了坚实的基础，后人引以为荣，遂以其字为姓氏，尊其为余姓的得姓始祖。韶关余氏源自安徽歙县休宁。据曲江武溪《余氏族谱》载，唐开元八年（720），余氏祖有钦为太学博士，居歙之休宁，历数世至戴公，因避黄巢乱，先居邵武光泽，后又避五代之乱，迁江西南昌，再迁入粤韶州府曲江。后世有后裔徙居始兴，分布在沈所、隘子等地。

韶关余姓多属“四谏堂”，这与被誉为庆历“四谏官”之一的韶关北宋名臣余靖有关。余靖，字安道，号武溪，韶州曲江人，北宋政治家、外交家、思想家和文学家，谥号“襄”。天圣二年（1024）进士及第，任赣县县尉，历任集贤校理、右正言，曾任知制诰、史馆修撰等，出任桂州知州、广南西路安抚使等职，后以尚书左丞知广州，官至工部尚书，赠刑部尚书。

余靖一生不避权贵，犯颜直谏。宋仁宗景祐三年（1036），时任礼部员外郎的范仲淹言事获罪。就在满朝谏官、御史噤言之际，余靖不惧株连，冒着风险为范仲淹鸣不平。当时，宋仁宗并未采纳余靖的进言，反而将他一同贬官，但余靖刚直不屈、勇于进谏的名声就此传扬开来。在谏院供职后，余靖直谏敢言的风采更显锋芒，对于一些碌碌无为、徇私舞弊的庸官、贪官，他毫不留情地予以抨击和揭露，对朝廷整顿纲纪、扭转仁宗朝吏治的颓败局势起到了重要的作用。余靖为官四十年，始终坚守着他提出的《从政六箴》——“清、公、勤、明、和、慎”这六条为官原则。数十年的官场生涯，余靖可谓政绩卓著，他曾三使契丹、两平蛮寇，为国尽忠，宋仁宗亲题“风采第一，广南定乱，经略无双”。明弘治十年（1497），韶州知府钱镛为纪念余靖修建“风采楼”。

余靖为官廉洁自律，家风传承方面也颇有成就，曲江武溪《余氏族谱·家规》有“八箴”“四禁”“十六宜”，又列《襄公训规》，这些家规、家训无不对韶关余氏后人起到良好的规诫和教化作用，余叔英就是其中的一个典型代表。余叔英自幼聪颖过人，勤奋上进。皇祐四年（1052）登明经进士，嘉祐六年（1061）任大理寺评事。余叔英官场沉浮数十年，始终以中和之道处之，一身清白，两袖清风。他治理一方善恶分明，兴修水利，救灾赈荒，尤其是在地方任上政绩赫赫，美名流传甚远。

家训

读圣贤书，负天地志。砥砺廉隅，正属其事。侠骨凌凌，圭角凌厉。一介取与，系马千驷。非道弗顾，非义弗视。极有分辨，极有识力。不稼不穑，不狩不猎。彼君子兮，餐不素食。

——曲江武溪《余氏族谱·家规》之“八箴”

廉箴

诺不轻信，故人不负我；诺不轻许，故我不负人。

——北宋·余靖

邹

邹鲁家声 敦品励学

郡望：范阳郡、涿郡

堂号：范阳堂、东鲁堂、碣石堂、讽谏堂、南谷堂

廉洁人物：邹伯奇

邹姓是一个多源流的姓氏，其始祖可追溯至春秋时期的邹穆公。邹穆公是曹姓邹国的国君，其后代以国为氏，称邹姓。在西晋和唐朝时期，由于“五胡乱华”和“安史之乱”，中原地区发生了两次大规模的南下移民潮，邹姓族人也随之移入江南，后迁入福建、广东等地。据邹氏《南谷春秋》记载，邹氏先祖邹惟先迁珠玑巷，后人于南宋时期迁紫金。进入广东后，邹姓族人在粤东、粤西、粤北等地形成了多个重要的聚居点。

邹氏的清廉之风源自北宋著名诤臣、兵部侍郎邹浩。邹浩为官以清廉出名，后人尊称为“邹忠公”。他的后裔来到广东后，依然秉承公正廉明之风。广东邹氏家祠的门联多为“范阳衍庆，邹鲁家声”“一篇漫咏梁园雪，六律能回黍谷春”“五经邹氏，万石家风”，其中“范阳衍庆”典出邹姓范阳堂号，寓意邹氏家族源自范阳，世代传承，而“邹鲁家声”则体现了邹氏家族对儒家文化的尊崇，彰显其文脉传承与家风严谨。在这样的家风熏陶下，清代著名学者邹伯奇以其高尚的品德和卓越的学识成为邹氏家族的杰出代表。他一生致力于科学研究，始终保持清贫简朴的生活作风，不在乎身外之物。科学实验需要资金投入，当时的邹伯奇并无外界支持，因此所有的花销都要由自己承担。原本有房有地、生活富足的邹家，也抵不过他持续的实验开销，生活越来越拮据。当时的广东学政戴煦见邹伯奇精通训诂之学，将他破格提拔进官学。但邹伯奇对秀才的头衔并不感兴趣，依旧每天沉浸在科学实验中，没有继续踏入科场一步，被誉为中国近代科学先驱。他一生不求仕途显达，不为官场浮华所动，这种廉洁与奉献精神，正是邹氏家训中“敦品励学，清正廉洁”理念的生动体现。

作为“中国照相机之父”，邹伯奇取得的成就离不开浓厚的家学氛围和良好的家风示范。他出生在南海泌冲一个教书人家，家风严谨清正，父亲和外祖父都是学养深厚的“数学爱好者”，给了他当时少有的数理启蒙教育。

如今，邹伯奇的廉洁故事在广东邹氏家族中代代相传，他也成为后人学习的楷模。他的事迹也激励着邹氏后人在各自的岗位上践行着清廉自守、慎思笃行的家规家训，以清正廉洁、勤勉敬业的态度为社会作出贡献。

家训

心清可以寡心欲，身清可以免身忧；不变声色品自高，不贪货利分不隘。

——范阳堂邹氏族谱《家训》

廉箴

自觉心是进步之母，自卑心是堕落之源，故自觉心不可无，自卑心不可有。

——邹韬奋

汪

官清民安
造福一方

郡望：平阳郡、吴兴郡、新安郡、六桂郡

堂号：平阳堂、六桂堂、新安堂、忠勤堂

廉洁人物：汪注、汪枚

汪姓主要有两大来源：一是春秋鲁国公子姬汪后裔，二是夏商时期汪罔国遗民（原防风氏）。汪氏早期活动于中原地区，汉唐时期集中于皖赣浙一带，后扩散至粤闽等地。

南雄汪氏家族是名门望族，官宦世家，族内诸多子弟从小努力向学，以科举进入仕途作为目标。从明至清道光四年（1368—1824）间，汪氏家族培养举人、贡生多人，任知县以上官员11人，汪注便是其中一名品学兼优的代表。

汪注，字于东，号建绩，世居南雄城东南隅。清康熙二十二年（1683）汪注中举。1706年，汪注出任河南省汜水县知县。到任后他燃起的第一把火就是处理积案，对县里历年积存的一些冤假错案重新审理，为受冤者平反，将真正的罪犯绳之以法。对一些民间纠纷的诉讼，他开导当事人，劝他们以情为重，不要为了一点小利益就闹个你死我活，要以团结和谐为主。当事人在汪注的劝解下，积怨化解，和好如初。汪注的前任留下了一些不好的陈规，特别在税赋方面，苛捐杂税严重，老百姓对此非常不满。于是，汪注将一些多设的税项免去，但要求百姓对国家正常的赋税决不能少，并讲清楚缴赋税的道理和义务。老百姓看到汪注的一系列举措都是为民谋利造福，都认为新来的知县是个好官，应该听他的，之后极少出现抗税不缴的情况。汪注非常关心民间疾苦，他到任第二年，汜水县内大旱，灾情严重。汪注深入乡村指导抗旱，捐出自己的俸银赈济灾民，还为穷困患病者赠药金，为贫困死者施棺木。他在汜水任上五年，百姓颂声载道。康熙五十年（1711），汪注离任。汜水县广大绅民得知后，连忙赶制一面大旗，上书“官清民安”四个大字。

汪注严于律己的行为深深影响了身边人，在他的熏陶和教育下，他的长子汪枚也成为一名优秀的人才。汪注嘱咐汪枚，当官一定要当清官，要爱民如子，做到为官一任，造福一方。汪枚牢记父亲的嘱咐，到任后做的第一件事便是自书“良心难昧”四个刚劲有力的大字，刻成匾额悬挂于官署，以此来约束自己，也让老百姓以此作为尺子来衡量、监督自己。他在贵池任职期间，清正廉明，办事公正，一心为民，从不收取任何礼物，被老百姓称为“惠爱百姓，不名一钱”的好官。汪枚的政绩不仅百姓叫好，也得到朝廷认可，山东巡抚陈世倌对汪枚给予高度评价：“操守谨饬，遇事卓有定见，洵属明敏之员。”

家训

为官要清廉，为民要勤俭。为商要诚信，为师要垂范。

——摘自《汪氏家训》

廉箴

嘉树挺秀色，深心交沍阴。朔风一以至，琤琤传远音。岂畏岁时晚，幽独委空林。但恐春华发，无复霜雪心。

——清·汪中《嘉树》

沈

善教化民
恩莫图报

郡望：吴兴郡、汝南郡

堂号：吴兴堂、汝南堂、仁川堂

廉洁人物：沈士高

沈姓源出周文王第十子姬载，成王时为司空，受封沈国，后裔遂以沈为姓。传至十七世裔孙沈隋，为楚国内史参军，因功封吴兴侯，望出吴兴郡，堂号为“吴兴堂”。明代，福建沈氏分两支迁入粤北，翁源湖心坝沈氏出自福建汀州府。仁川堂《沈氏族谱》记载：明正统年间，沈永隆、永初、永高兄弟三人从福建省汀州府上杭县胜名里迁徙到广东省韶州翁源县立祠开基。因迁徙居住地有水名仁川过境，便以“仁川”立望堂号。沈永初迁南塘铺湖心坝开基，后衍播海内外。

翁源湖心坝沈姓人家属于大家族。明天启元年（1621），湖心坝沈氏七世后裔沈宗孔在广东省贡院以第三十名的成绩考取举人，称“文魁”，钦命广东省巡抚部院、右都御史王遵德亲自为其题赠了学位匾。从此，湖心坝沈氏家族谨遵家训，积极鼓励族中子弟勤奋好学，强化“忠、孝、节、义”的儒家传统学说，造就了家族历代贤才辈出的局面。据统计，清朝时期，族中有五品文官4人，六品文武官5人，八品文官10人，九品文官42人，国子监生125人，未入仕贡生17人，秀才、廪生55人，其中沈璞山于清同治年间考取京师翰林院待诏。各种官衔、学位牌匾金碧辉煌，挂满了宗祠四壁。

沈士高，字周裔，清代韶州翁源湖心坝人。清雍正十年（1732）岁贡生，曾任连州训导、广州府南海县训导、三水县教谕等职。在传统伦理道德的孕育和家学渊源的熏陶感染下，沈士高努力钻研学问，谦虚平和，孝顺父母，友爱兄弟，曾担任连州训导一职，后又补任南海县训导。在先后两任县学期间，沈士高牢记《家训十则》中“养廉”一则所说的：“为官在一任，造福遍一方。勤政且廉洁，明镜悬高堂。施惠莫图报，受恩不可忘。莫做亏心事，一觉到天亮。”因此，他与诸多生员一起磨砺品行、讨论文章，推崇道义，对待学子不分贵贱，一视同仁，恩泽惠及家境贫寒的读书人，为培养品德高尚、知行合一的优秀人才作出积极的贡献。

湖心坝沈氏家族还有一个优良传统是热心公益事业，如沈永初的曾孙沈铎出资兴建了石龙头水陂，解决了当地农田灌溉的问题。有了如此优良的家风传承，沈士高及他的兄弟子侄们也成为乐善好施之人。沈士高与授任州同知的胞弟沈士昌创建了“凤掀公祠”“伯婆楼”“锅耳楼”；沈士高的叔伯兄弟沈士申、沈士芳分别创建了“建爵楼”、捐资建设坝仔花桥；等等。

家训

为官在一任，造福遍一方。勤政且廉洁，明镜悬高堂。施惠莫图报，受恩不可忘。莫做亏心事，一觉到天亮。

——仁川堂沈氏族谱《家训十则》之“养廉”

廉箴

一钩已足明天下，何况清辉满十分。

——近代·沈葆桢

张

九龄风度
金鉴家声

郡望：清河郡、范阳郡、始兴郡

堂号：清河堂（总堂号）、曲江堂、金鉴堂、百忍堂

廉洁人物：张九龄、张祥恭

张姓是一个多民族、多源流姓氏。其始祖为黄帝第五子——挥，相传是他发明了弓矢和网，并教于民。黄帝命为弓正，赐姓张，封地青阳，后改为清河郡。因此，民间便有“天下张姓出清河”的说法。广东张氏多为唐宋时期中原地区的北方移民。他们先由赣南、湖南入粤北扎根，然后又沿韩江、东江、北江推进，再进入粤西、海南、广西和越南。

在广东，宗祠、祖祠内往往会标有门联、堂联，以展示其姓氏源流、家训家风、先祖郡望等。以“清河”为郡望的张氏门联，虽然也有多种，但以“青钱世泽，金鉴家声”“清河世泽，唐相家声”最为知名。“金鉴”“唐相”的典故，出自唐朝著名贤相张九龄的故事。开元二十四年（736）八月五日，正值唐玄宗的寿辰千秋节，满朝官员均携各种稀奇珍宝前来祝贺，唯有张九龄献了一册奏章《千秋金鉴录》作为贺仪，劝皇帝励精图治。唐玄宗非常赏识张九龄耿直、清正的风度，每逢朝中推荐官员，常问：“风度能若九龄乎？”现在韶关“风度楼”就是为了纪念这位先贤而建。

张九龄重视家族治理、家风传承，曾说“治国之道，实由家治也”。他出生于韶州曲江，后世张姓以“曲江”为堂号的均是其后代。其族人不论是在本地繁衍或迁徙他乡，都将这一清廉家风代代相传。深圳坂田张氏即是其一。张祥恭是张九龄后裔，也是清廉家风的传承者。清末民初他曾做过25年的博罗县县长，为人正直，为官忠廉，主政时推动了当地老布龙路即现吉华路的建设，为坂田建设作出了贡献。有人为感谢其办事公正，挑了两大箩筐的白银到张家以表心意，但张祥恭却坚决不收，并告诫子孙，为官就是要做为百姓谋福利的好官，即便是在普通的岗位上，也将清廉自守、和睦乡邻等家规家训践行到底。

张氏家训家规：“家之有谱犹国之有史，所载者，祖宗之讳……”从孝敬双亲、和睦乡里到怜悯孤寡，一共列出了9条规定。无论时代如何变迁，这些代代相传的训条，依然指引着张氏族人坚守廉、义、智、信的家风文化。

家训

孝友传家，尚武自强。本末兼重，执着求真。俭朴持家，勤学尊师，嫉恶如仇。公正刚直，安分守己。厚养薄葬，为政清廉。

——翁源葸茅岭张氏族谱《张氏家训》

廉箴

江南有丹橘，经冬犹绿林。岂伊地气暖，自有岁寒心。可以荐嘉客，奈何阻重深！运命唯所遇，循环不可寻。徒言树桃李，此木岂无阴？

——唐·张九龄《感遇十二首（其七）》

陈

廉洁自守
文化传承

郡望：颍川郡、汝南郡、下邳郡、广陵郡、东海郡

堂号：三恪堂、颍川堂、孝思堂、报本堂、聚星堂

廉洁人物：陈璘

陈姓始祖为陈胡公满，他是舜帝的后代。相传在周武王灭商后，封舜帝的后代妫满于陈国（今河南东部，安徽西北部），其子孙以国为姓，称为陈氏。广东陈氏主要是由福建和中原地区而来的移民。在宋朝初期，陈姓由福建大批迁入广东潮州和梅州地区；北宋末年，河南陈姓南逃抵广东南雄，随后逐渐向广东各地散移。在南迁过程中，其先在粤北扎根，然后沿韩江、东江、北江推进，再进入粤西、海南、广西等地。

在广东，陈氏宗祠内常悬挂着“辟土开疆，功盖古今人第一；出将入相，才兼文武世无双”的祠联，这副对联不仅彰显了陈氏家族的荣耀，更体现了陈璘的卓越功绩与高尚品德。陈璘，出生于韶州翁源县，是明朝抗倭名将、民族英雄，他一生廉洁奉公，虽战功显赫，但从不贪图私利。万历十一年（1583），罗定东山兵变时，陈璘被诬陷贪污军饷，但朝野众多大臣为其辩护，最终查明真相，陈璘不仅未受处分，反而继续戴罪立功。这种清正廉

洁的风范，与陈氏家族“德星聚一堂，大家勉作难兄弟；宗盟联七属，奕世芳留肖子孙”的家训相契合，陈璘成为后人敬仰的楷模。陈璘的廉洁故事，如同其赫赫战功一样，被后人传颂不衰，成为陈氏家族乃至广东地区廉洁文化的象征。

陈璘重视家族治理与家风传承，他一生廉洁奉公，虽战功显赫，但从不贪图私利。陈璘的后代，在明王朝灭亡之际，不愿为一己之私归顺清廷，最终选择东渡黄海到先祖抗倭之地——朝鲜半岛。当时的陈氏家族已然十分繁荣昌盛，远离故土绝非是件易事。陈邦植是陈璘的后裔，虽生活在韩国，但始终不忘祖先的爱国精神和廉洁家风。他多次组织祭祖活动，教导子孙牢记祖先的功绩与家风，强调“不忘根源血脉，以爱国为荣”。陈氏后人不仅在韩国传承中华文化，还积极参与中韩文化交流，弘扬“陈璘文化”，成为中韩友好交流的纽带。

“克勤克俭，毋怠毋荒。”陈氏家训不仅教导子孙要珍惜每一份来之不易的物资，更强调在生活和工作中要杜绝浪费、避免奢侈，培养廉洁自守的品德，指引着陈氏族人朝着勤、俭、廉、义的方向不断前进。

家训

礼义廉耻，四维毕张。处于家也，可表可坊。仕于朝也，为忠为良。

——《陈氏祖训》

廉箴

贪廉者，治理之大关；奢俭者，贪廉之根柢。欲教以廉，当先使俭。

——清·陈廷敬

邵

冒死谏诤
倾力禁烟

郡望：博陵郡、汝南郡、洛阳郡、安阳县

堂号：怡怡堂、博陵堂、汝南堂、洛阳堂、南阳堂、安阳堂、安乐堂

廉洁人物：邵晔、邵正笏

邵姓为多民族融合型姓氏，主体源自姬姓。西周召康公（姬奭）因封于召邑（今陕西宝鸡市岐山县西南），子孙以邑作为氏称“召”，后衍化为“邵”，尊召公为得姓始祖。次支源于芈姓。春秋楚昭王时期，宗室器物铭文始现“邵”字，形成独立源流。经秦汉姓氏规范化整合，以姬姓邵氏为主体，形成“召—邵”并存的宗族体系。唐朝时，中原邵氏为躲避“安史之乱”南下福建，再由粤北入粤东各地、广西。另有一支的初祖在南宋时因力主抗金遭陷害，被押送广东南雄州监管，后落居珠玑巷，子孙再迁居粤东各地。

邵氏家训立“课农训读”二十五规，倡勤俭重教、睦族守礼、耕读报国，以正家风。在报国方面，要求子孙们“随分报国，趋事输赋，罔敢或后”。宋代清远连州龙口村“邵氏三杰”之一的邵晔出身官宦世家，祖父和父亲皆为地方良吏，他自幼秉承邵氏家训“课农训读”“忠孝勤业”之风，刻苦读书一举而中进士。初任蓬州录事参军时，冒死谏阻太守杨全草菅人命，力主重审张道丰冤案，使无辜者免于死刑，其刚正之举深得宋太宗赏识，擢为光禄寺丞。后因平息交趾内乱之功，升任兵部员外郎。大中祥符四年（1011），邵晔出任广州知府，见商船停泊外港屡遭飓风摧折，船民苦不堪言，便倾力筹措，组织疏浚珠江，修筑海堤，凿内濠以通舟，使商船可以直接抵达城内，不怕飓风袭击。他清廉自持，事事躬亲，终因积劳成疾逝于任上，年仅63岁。在广州以前建的八贤祠里，邵晔为“八贤”之一，足见他在古代广州吏民心目中的崇高地位。

而在清朝道光年间，禁烟先驱邵正笏更在近代中国禁毒史上留下了深刻印记。他践家训“忠信廉耻”之诫，道光十年（1830）任江南道监察御史时，首揭浙江台州“台浆”、绍兴“葵浆”等本土鸦片泛滥之弊，痛陈“禁烟必先禁种”，促使道光帝下令全国彻查鸦片种植与贩卖情况，颁布《严禁种卖鸦片章程》，严惩种贩，没收田产，开“源头禁烟”先河。面对鸦片走私导致的银荒与社会危机，邵正笏在1831年进一步提出“闭关绝贸”策略，主张以断绝通商遏制鸦片流入。尽管他的措施未能根除鸦片流毒，但为后来虎门销烟等历史事件提供了思想与政策铺垫，为1839年《钦定严禁鸦片烟条例》的出台奠定了基础，是近代中国禁毒立法的重要先声。

邵氏家训推崇的十二德，包括“孝悌忠信礼义廉耻仁智和节”等。家训25条涉及宗法、节俭、教子等修身、治家、处世之道，与十二德紧密结合，具有鲜明的“课农训读”家风特征和家国一体的情怀，是后世子孙世世代代奉行的圭臬。

家训

依山长此仁为美，处世端惟让可风。

——新洋邵氏家训

廉箴

善恶无佗在所存，小人君子此中分。改图不害为君子，迷复终归作小人。

良药有功方利病，白圭无玷始称珍。欲成令器须追琢，过失如何不就新。

——宋·邵雍《诫子吟》

招

力务勤恳
服戒奢丽

郡望：南海郡

堂号：南海堂

廉洁人物：招猛、招子庸

招姓始祖可追溯至春秋时期的招父，招父为楚国大夫，因功受封于招地，其后人以封地为姓。广东招姓多与中原移民有关，尤其是在唐宋时期，随着中原战乱和人口南迁，招姓族人逐渐南迁至广东。他们最初由江西、福建等地进入粤东地区，途经珠玑巷时，一部分招姓移民在此短暂停留后，沿珠江流域向珠三角、粤西扩散，甚至进一步迁徙至海南、广西等地，另一部分则选择在珠玑巷及周边地区定居。

在广东，招氏宗祠常悬挂“总镇门风履仁蹈义，鸿胪绪胄种德延祺”“鸿胪传世泽，荣禄振家声”的门联，彰显家族荣耀与文化底蕴。其中“鸿胪”指的就是招猛，象征着家族的荣耀与责任；“荣禄”则寓意着家族因廉洁奉公而获得的长久声誉。招猛乃汉代南海人士，曾荣任大鸿胪这一中枢要职。彼时，四方少数民族及外邦纷纷来朝，语言不通，翻译众多，外事礼仪活动繁杂棘手。可招猛面对这般复杂局面，总能从容应对，游刃有余。

每逢在容台举行盛大礼仪仪式、统筹各项事务时，他皆严格依照诏令，有条不紊地指挥众人。经他之手，汉朝对外交流秩序井然，尽显大国风范。招猛凭借卓越的外交手腕与高超的事务协调能力，在当时声名远播，为后世招姓族人树立起廉洁奉公的典范，激励着后人不断奋进。

招氏家族十分注重家风传承与家族教育。清代的招子庸作为南海招氏族人，深受良好家风影响。招子庸就读乡塾时，其父招茂章作长诗勉勖道：“吾祖喜贫难，农工是家计。志力务勤恳，服用戒奢丽”“否极者后昌，望尔光门第”，教育其保持简朴作风，不坠青云之志。招子庸踏入仕途后，经常单骑只身下乡，了解民情，秉持“不饮民间一勺水”的清廉作风，深受百姓爱戴。他为官雷厉风行，曾驱驰千里追捕巨盗，英姿勃发，人们赞他是“并州健儿”。冯询在《送招铭山之官朝城》中称赞他“手擒巨盗千里驰”，“善造平安福”。

如今，招子庸所秉持的廉洁作风，已经成为家族的精神标杆，激励子孙坚守正道，传承家族优良品质。

家训

绍祖宗一脉真传克勤克俭，教子孙两行正业惟读惟耕。

——招氏宗祠楹联

廉箴

吾祖喜贫难，农工是家计。志力务勤恳，服用戒奢丽。

——清·招茂章

林

九牧世第
翰苑家风

郡望：西河郡、济南郡、下邳郡、晋安郡

堂号：西河堂（总堂号）、济南堂、下邳堂、九牧堂

廉洁人物：林明伦

据《元和姓纂》载，林姓源出殷太师比干。比干仕商纣，被纣王焚面剖心，有遗腹子泉生于林石室。武王灭纣，表比干忠德赐泉林姓改名坚，是为林姓之太始祖，望出西河郡。先秦林氏迁河北安平，秦时迁山东济南，至汉又徙江苏下邳。韶关林氏有保昌（南雄）、始兴、仁化、乐昌、乳源等数支。明洪武至正统年间，林氏后裔迁入粤北翁源、新丰、乳源开基。明清时期，林氏后裔遍布韶关始兴、仁化、新丰、翁源、曲江、乳源等地。

韶关始兴斗塘林氏祠堂书有“九牧世第，翰苑家风”的门联。“九牧”是指韶关林氏宗族堂号。东晋初年，林禄迁入福建，成为林姓全国最大分支“闽林”的始祖，其十六世孙林披生有九个儿子，而且都明经及第，官为刺史。州刺史又称州牧，兄弟九人合在一起就是“九牧”，所以宗族堂号为“九牧堂”。而“翰苑家风”，是指林姓族人要继承弘扬清朝翰林院编修林明伦的良好家风和品格。

林明伦（1723—1757），字敬熙，号穆庵，清朝始兴斗塘村人。少年聪敏，25岁考中举人，26岁登进士，选庶吉士，乾隆十七年（1752）冬授翰林院编修，次年记名以御史用，乾隆十八年（1753）奉旨任山东乡试正考官，后官至衢州知府。

林明伦生性刚正不阿，在他任山东主考官期间，面对来自各方的压力，他正色道："只要是专心为国家挑选栋梁之材，上对得起皇恩浩荡、江山社稷，下对得起应试考生、黎民百姓，我林明伦何畏之有！"林明伦正是秉持着这样为国取士的态度，乡试期间呕心沥血，认真阅卷，不徇私情，所选取出来的举人使朝廷满意，考生也满意。

林明伦勤于政事，政绩突出，获乾隆皇帝赏识。乾隆十九年（1754），32岁的林明伦任浙江衢州知府。其到任时，负有盛名的正谊书院已经破烂不堪，严重影响学子求学。于是，他率先捐出俸禄作为修缮书院的费用。在他的影响下，衢州的商贾、百姓纷纷捐资，使正谊书院得以修复如新。乾隆二十年（1755），一场暴雨和冰雹袭击衢州几个县、乡，给老百姓带来严重的损失。林明伦亲临灾区指挥抗灾救灾，并报请上级将府内存粮放出赈济灾民，又向朝廷争取赈灾物资，再发动商贾们捐献。他亲到受灾现场去帮助灾民恢复生产，灾区百姓深为感动。

林明伦治理政事以社会安定和谐、老百姓丰衣足食为目标，践行"清正廉明、洁己爱民，奉公守法，廉洁从政"。在衢州任知府期间，衢州府政通人和、物阜民丰，而他却在知府任上操劳过度而逝，死时连衣服也没有一件新的，可见其为官之清廉。

家训

敬尊长，正心术，端人品，勤读书，交朋友，尊师长，笃勤俭。

——林氏重修联谱《林氏家训》

廉箴

苟利国家生死以，岂因祸福避趋之。

——清·林则徐

欧

兴学世家 清风峻节

郡望：渤海郡、平阳郡、庐陵郡

堂号：渤海堂、平阳堂、庐陵堂

廉洁人物：欧堪善、欧焕舒

欧出自姒姓，与欧阳姓同宗，以封地名、侯爵名为氏。夏朝帝王少康的儿子无余被封于会稽，建立了越国，为诸侯国。越国春秋时被吴国所灭。十九年后，勾践又复国。到勾践七世孙无疆为越王的时候，被楚国所灭，无疆的次子蹄被封于乌程欧余山的南部，山南为阳，所以称为欧阳亭侯，无疆的支庶子孙，于是以封地山名和封爵名为姓氏，形成了欧、欧阳、欧侯三个姓氏。后来虽然也有欧阳、欧侯省姓为欧，但是起源仍为这一支。乐昌分支为北宋大文学家、政治家欧阳修后裔，又简称粤北欧阳氏，于南宋绍兴年间从湖南长策迁移至乐昌黄圃镇东村。

欧堪善，字韶又，一作韶文，号眉庵，泷涯居士。乐昌黄圃东村欧阳氏族裔孙，也是北宋欧阳修派下二十八世裔孙。欧堪善为官清廉，直节谠言，敢于揭发贪官的不法行径。乾隆九年（1744）六月，广东官员上奏朝廷大力鼓励粤东民间开矿，御史欧堪善对此坚决反对，他在奏折中提出民间开矿会引发“矿丁难以遣返”“或乘此暗通海寇”“必导致米价腾贵”等诸多问题。乾隆皇帝准奏后，责令军机大臣妥善处理，从而避免民间开矿带来的隐患。乾隆十六年（1751）七月，浙、闽两省的一些官员勾结不法奸商，将大米经海路偷运出海卖给海盗以图厚利。欧堪善得知此事后上奏皇帝，要求派官员彻查，严办贪官和奸商，同时要求朝廷体恤民情，免征米税。乾隆皇帝立即派出官员查办此事，严惩了贪官和奸商。出任顺天府的乡试同考官后，欧堪善深知考生们的艰辛，在阅卷时非常认真谨慎，力求做到对每一个考生负责。顺天府乡试后，乾隆皇帝听闻他秉公办事，公正清廉，朝廷官员交口称赞，对他更加信任了。

到明朝中叶，欧氏在乐昌始具规模，受“学而优则仕”传统思想影响，族内人文兴盛。欧堪善治学严谨的作风对族人的教育进一步产生了深远的影响，使欧氏发展成为乐昌的大族之一，族中人才荟萃，欧焕舒是其中的佼佼者。欧焕舒是欧堪善的侄子，家贫力学，善诗能文，学业有所造就。科试一等一名，乾隆三十年（1765），选拔廷试一等，以知县之职分发陕西，历任武功、兴平、郃阳、麟游等县知县，授山西平阳盐捕水利同知等职。所至皆有循声，遂升沂州知府。历官三十年，凡任八县二州一厅五府，按日注簿考勤，自参功过，始终如一。

家训

勤劳为本，俭朴持家。财源可广辟，生财必正道。作事须量力，居安恒思危。有备保无患，人兴财亦旺。

——乐昌东村欧阳氏族谱《族规家教》

廉箴

擢御史掌四川道，直节言，不阿权要。

——朱炳元《欧冏卿韶又先生传》

欧阳

端方大儒
以学立身

郡望：渤海郡、平阳郡、千乘郡

堂号：渤海堂、聚德堂、敦睦堂

廉洁人物：欧阳霖雨

欧阳氏是越王勾践的后裔。据传，勾践七世裔孙，即越国的最后一个国君无疆被楚国灭亡。无疆之子始蹄受楚国所封居于乌程欧余山（又名欧亭山，在今浙江省吴兴县内）南向阳一侧，因山名和居所方位而得姓欧阳，故蹄又名欧阳亭侯，此后其子孙后裔均以欧阳为姓氏。簕过欧阳氏属敦睦堂，南宋宝祐元年（1253），欧阳叔权从江西吉安泰和县蜀江村搬迁到南雄簕过村定居。

簕过欧阳氏四世祖欧阳思仁以军籍贻谋，以所置产业，刻意经营，兴办社学，可谓深谋远虑，功垂后代。簕过欧阳氏家家户户按丁筹集办学基金，以基金生息，保障办学费用。因此，簕过村读书之风大兴，簕过书房声誉鹊起，可谓书房林立，书声琅琅。在兴学育才、人文蔚起的家族氛围影响下，簕过欧阳氏人才辈出，坊间有“簕过村的挑夫都是秀才”的传说。欧阳霖雨便是其中的杰出代表。欧阳霖雨为官二十多年，均为学官，不仅是教育界的大儒，同时又是一位很有气节的学者，在大是大非面前总能坚持正义，面对强压具有永不屈服的高贵品质。清康熙十二年（1673），朝廷下令撤藩，平西王吴三桂闻讯后举兵叛清。三年后，即清康熙十五年（1676），惠州失守，叛军所到之处，烧杀劫掠，民不聊生。欧阳霖雨目睹惨状，义愤填膺，坚守不屈。为了请求支援，守军头领将一个印信交给欧阳霖雨。欧阳霖雨虽一介儒生，毫无武力值可言，但不负重托，舍生忘死，想方设法，克服困难，历经艰险，终不辱使命，将印信送到交藩司手中。交藩司见到印信后，即刻派兵前往惠州驰援。局势平定后，朝廷论功行赏，欧阳霖雨的大名赫然出现在举荐文书之列，此时的欧阳霖雨却并未居功，而是递上辞呈，告老还乡。

欧阳氏在篛过村开基770多年以来，秉承“以忠事君、以孝事亲、以廉为吏、以学立身”的族规家风，培植了不少世代书香之家，如举人欧阳树是八代书香；欧阳士湛六代书香，其子振亨太学生，曾孙今醇授登仕郎，裔孙尚玉例授奉政大夫，尚珊例授登仕郎；欧阳箕三代书香，本人是例监，辟举任布政司知事，其子恩贡，任广西盐课提举使，其孙增生，敕授连州副使。

与此同时，篛过村还是粤北著名的红色村，是水口战役的主战场。在新民主主义革命时期，篛过村有欧阳元等有名有姓的烈士多达123名，他们为人民解放事业作出了重大牺牲。

家训

官清似水，学粹如金。

——南雄篛过村《欧阳氏家规》

廉箴

篛溪先生人中龙，青毡廿载育才功。传经岂为稻粱谋，守城何曾甲胄重。印绶夜驰星月白，讲坛朝立杏坛红。至今南岭书声里，犹颂欧阳御史风。

——清·李调元《谒欧阳教谕祠》节选

易

义重于利
德高于才

郡望：济阳郡、太原郡

堂号：济阳堂、太原堂、植栗堂、纯孝堂、忠裔堂、重玉堂

廉洁人物：易巨荪、易大厂

易氏起源可追溯至东周时期，齐国上大夫尚公受封易地（今山西太原），以地为姓，成为易姓始祖。南宋时，北方易氏移民南迁，从江西宜春迁入粤北。九世孙丹阳居南雄，因为坡垌地区的豪强作乱，为躲避战乱迁居至广州，后裔迁居鹤山，后又迁粤西及广西等地。

相传宋代易延庆为父守墓三年，墓生紫芝；孝满拒官奉母，母逝续守墓，因母嗜栗植双树，竟成连理。后人以“植栗”“纯孝”为堂号，铭刻孝道，训诫子孙永承纯孝之风。后人都秉承孝道家风，敬父母，睦友邻，“老吾老以及人之老”，有博爱胸怀。近代岭南与陈伯坛、黎庇留、谭星缘并称经方派医家“四大金刚”的著名伤寒派医家易巨荪，出身医学世家，自幼受祖父庭训，精通中医经典，尤其擅长仲景经方。他治学严谨，在广州行医，重视记录治验案例，并于1894年辑录成《集思医案》。书中记载1894年粤省鼠疫流行，易巨荪创制升麻鳖甲散，因病制宜重剂急投，既尊重经典，又不拘泥于古法，成功救治了大量患者，体现了深厚的医学功底和务实的精神。他为书起名“集思”，取“集思广益，而功不必自己立”语意，把成功的治病药方归功于众人集中智慧，推而广之使其效果更为昭著，展现了医者仁心与对名利的淡泊。

同为鹤山易氏的通儒易大厂，秉承家训，修身治学与济世担当。他早年就读于广雅书院，留学日本研习西学，通晓多国语言，在音韵学、佛学、法学等领域皆有建树，自称“词第一，印次之，音韵又次之”，篆刻得章太炎、沙孟海等大家推崇，与吴昌硕、黄牧甫齐名。身处科举废止、西学东渐的变革时代，他践行“修齐治平”的士人精神，积极响应“实业救国”，亲力亲为地加入创立保险、煤矿、字模、印刷等多个实业全过程，为助文物考古梳理、艺术文化发展，他又创设华南印书社，出版金石书画刊物。晚年鬻艺沪上，易大厂仍笔耕不辍，面对求印者坚持艺术原则，虽贫病交加，却拒绝不懂欣赏篆文艺术的商人的酬金，遇到知己则免费治印，多达数百方。上海沦陷后，已逾六旬的易大厂以绝食明志，表现了民族气节，鼓舞了人心，唤起了民众抗敌的信心和决心。

鹤山易氏家训对忠孝立身、清慎居官、勤俭持家、宽厚处世的严明要求，以及祖祖辈辈的言传身教，让子孙在潜移默化中秉承这一传统，踏踏实实做人做事，回报社会。

家训

富贵何足恃，贫贱何足忧。有隆还有替，无忮亦无求。好礼人恒敬，小心道可谋。

——鹤山易氏家训

廉箴

生平得力之处，唯一“宽”字！旷达非宽，纵佚更非宽；放任非宽，聋聩尤非宽；宽者宜以学问养育之，以世事锻炼之，使之自然而成一宽而无所不宽之慨，且非出于勉强矫揉，即圣人所谓“心广体胖”也！旨哉斯言！

——易大厂

罗

耕读传家
忠厚质直

郡望：豫章郡、襄阳郡、长沙郡、齐郡

堂号：尊尧堂、豫章堂

廉洁人物：罗学伊、罗瑞凤

罗姓始祖为颛顼帝之孙祝融氏的后裔。其后裔分为八姓，其中一支被封于罗国（今湖北宜城），故以国名为姓。广东罗氏多为宋、元、明时期中原地区移民的后代。他们先由江西、湖南等地入粤北扎根，其中一支以南雄珠玑巷为中转地，逐渐在广东各地繁衍生息。此后，广东罗氏又沿珠江流域向珠三角地区推进，并进一步扩散到粤东、粤西等地。

广东罗氏家祠中常见的门联有“四诗风雅颂，三维长宽高”“惠播五县德政，寿高双轮花甲”“家声不坠唯端品，壮志欲酬必读书”“百世雍和修孝悌，一堂敦穆教读书”等。这些对联不仅彰显了罗氏家族的源远流长，也体现了其家风家训的核心价值——“耕读传家，忠厚质直”。在广东罗氏家族中，罗学伊的故事尤为突出，他以清廉、勤勉和高尚的品德成为后世敬仰的楷模。罗学伊是明朝南雄府保昌县人，家境贫寒却自幼勤奋好学，多次在科举中名列前茅，跟随他学习的弟子很多。对于贫困的弟子，他不收取学费，还慷慨资助他们。在家庭生活中，罗学伊更是以孝悌为本。父母生病时，他衣不解带，日夜侍奉汤药，无微不至。他与兄弟相处和睦，家中子弟的婚配、教育等事务都由他承担，几十年后才分家，颇有古贤薛包分财的风范。

罗学伊重视家族治理，他坚持“须识持物，莫贪虚荣”的家规，规范自身，教育后人。其清廉事迹在罗氏家族中代代相传，成为广东罗氏族人的楷模。鹤湖罗氏的开基祖罗瑞凤便是其一。他于清乾隆二十三年（1758）迁居龙岗，后选择经商谋生，始终秉承“公平交易，童叟无欺”的原则。经商成功后，罗瑞凤不忘以勤俭、仁义教育子孙，营造出为后世所传承的良好家风。在这一优良家风的熏陶下，罗氏后人无论是从政、务农，还是从商，都能铭记“士农工商，各勤其事”的祖训。为官者清正廉洁，克己奉公；从商者秉持勤俭，将生意经营得风生水起。

罗氏家规家训：“亲宗族；敬师长，信朋友；力耕种，勤诵读；存忠厚，尚勤俭……”不仅体现了罗氏家族对廉洁自律的高度重视，更成为家族成员为人处世的根本准则。

家训

敬师长，信朋友；力耕种，勤诵读；存忠厚，尚勤俭。

——南雄《罗氏家训》

廉箴

士之立身，要以名节忠义为本。

——宋·罗从彦

周

廉风为吏
廉节世传

郡望：安成郡、沛国郡、陈留郡、寻阳郡、永安郡

堂号：八士堂、武功堂、笃祐堂、爱莲堂

廉洁人物：周昂、周新

周姓出于姬姓，延绵五千余年，在中华大地乃至世界各地繁衍生息，人丁兴旺，发展壮大。唐宋战乱，中原周氏大量南迁，主要迁往福建、浙江、广东。粤北周氏则大多是在南雄、始兴、仁化、曲江、韶关等地定居。

古联犹记家山月，新句长昭赤子心。周姓宗祠门联或如古玉温润，或如剑脊挺阔，有“汝水源流远，南国世泽长”，道族人汝水之根；“呕心沥血干革命，殊勋盖世间，无法磨灭；鞠躬尽瘁为人民，英名满天下，有口皆碑”，言赤子之魂。周姓族人的高尚品质蕴藏在这幽幽墨香之中，又寄予着对后人的深切期盼。

韶关曲江人周昂是明朝正统年间的清官典范。明正统三年（1438），他由州县荐举应进士；正统七年（1442），又赴赣州府任宁都县知县。任职期间，周昂廉洁奉公，勤政为民，令人赞叹。当时宁都县周围常遭悍匪骚乱，百姓深受其害，居不安，业不乐。为了给百姓提供安宁的生活环境，周昂

亲自操甲练兵，以加强县域武力防备。悍匪听闻周昂的军队训练有素，个个闻风丧胆，再也不敢侵扰宁都县。此外，周昂还劝课农桑，鼓励当地百姓因地制宜垦荒种植；兴修学堂，激励适龄孩童进行修习。因政绩卓著，周昂不久便升任赣州府通判，同时兼管宁都县，后又调任思恩府。在思恩即将离任时，百姓感念周昂恩德，为其立生祠，以颂扬其功德。

“宗传姬旦家声远，学绍濂溪道脉长。”清廉品格流淌在每一个周氏人的血脉中。比周昂稍早的周氏“廉使”周新是明代广州府南海县人，原名周志新，因明成祖朱棣常直呼其为“新”，因此他便以“新”为名，改“志新”为字。周新年少时好学能文、气度非凡，遇事不平则鸣，凌厉如老成之辈。亲友偶有过失，周新都毫不客气地严肃指出。他为官从政后，爱民为本，举廉惩贪。因其铁面无私，耿直敢言，揭露时弊，时人称其为“冷面寒铁”。黄佐在《广州人物传》中评道：“新之清风劲节，固不待于此而自可传于不灭也。”正是对其举廉惩贪、擒奸除恶的贤德的歌颂。

周氏廉吏的故事脍炙人口，这既是对廉吏为官一任，造福一方的最大肯定，也寄托着民间对“青天不灭”的美好愿望。由此可见，无论历史如何变迁，时代怎样发展，清官廉吏永远会受到人民的崇敬与爱戴，清正廉洁永远是人间正道。

家训

教诲儿孙、勤俭持家、勤劳致富、刻苦求学；善待亲友、广结贤良、忠孝节义、报效祖国；遵纪守法、爱国爱家、勇于攀登、敢于创造。

——《粤北周氏联谱》新编家训

廉箴

生为直臣，死当直鬼！

——明·周新

冼

巾帼将领
好心事主

郡望：南海郡、高兴郡

堂号：南海堂

廉洁人物：冼夫人

《岭南冼氏族谱》记载：“冼氏之先，盖出沈国，亦商或楚之苗裔。”冼姓出自沈姓。相传，秦始皇三十三年（前214），沈汭跟随赵佗来到南越，在南雄珠玑巷定居。宋朝年间，子民由珠玑巷分居到珠江三角洲各地。冼氏以广东为大宗，分为两支：广东南海冼氏与高州高凉冼氏。

在如今的高州市，有一座冼太庙，纪念的是“中国巾帼英雄第一人”冼夫人。据载宋时，民间对冼夫人的崇拜祭祀已很具规模。人们纪念冼夫人，不仅崇拜她顾全大局、忠贞护国的英勇智慧，还赞赏她反腐倡廉、廉洁爱民的精神品质。南朝梁大同元年（535），冼夫人与时任高凉太守冯宝成婚，达成了俚人、汉族之间的联姻。此后，冼夫人约束本族，让他们依从“民礼”，要求他们同汉人一样遵守礼仪；一方面辅佐冯宝解决诉讼问题，主张严格依法办事，即使面对亲族也绝不徇私枉法。其兄冼挺为州刺史，依仗权势，欺压百姓，大肆掠夺其他州县，岭表一带不堪其扰。对此，冼夫人不徇私情，苦口相劝，反复劝谏兄长。冼挺在冼夫人的点明下终于醒悟，不再把个人私欲凌驾于法律权威之上，“此政令有序，人莫敢违”。冯宝死后，岭表大乱。南朝陈太建元年（569），时任广州刺史欧阳纥谋反，想要拉拢冼夫人之子冯仆一起叛乱，又将他作为人质，威胁冼夫人派兵作乱。对此，冼夫人断然拒绝：“我为忠贞，经今两代，不能惜汝，辄负国家”。后召集部队，率领百越酋长内外夹攻，欧阳纥的军队当即溃散。

因护国有功，冼夫人获得不少奖赏，但她依旧衣着朴素，日常只穿本地产的麻衣。对于上朝所赐的首饰、礼物，冼夫人只是“并盛于金篋，并梁、陈赐物各藏于一库”。每当过年举办家族聚会时，冼夫人将其陈列在庭院里以示子孙，并教导曰：“汝等宜尽赤心向天子。我事三代主，唯用一好心。今赐物具存，此忠孝之报也，愿汝皆思念之。”在冼夫人的教育下，冼家、冯家子孙继承了艰苦朴素、尽职尽责的家风。

“忠君国，敬祖宗，孝父母，友弟兄”，在冼夫人的身体力行下，冼氏、冯氏子孙将尊君爱国与廉俭奉公相融合，为后代留下一则则一廉如水、清风高节的廉俭佳话。

家训

忠君国，敬祖宗，孝父母，友弟兄，睦族邻，习文武，重礼义，端品行，严家规，训子弟，交益友，避坏俗，勤耕种，擅织绣，励俭朴，建家业。

——冼氏家训

廉箴

我事三代主，唯用一好心。

——清·谭敬昭《冼夫人歌》（节选）

庞

铁面青天
一廉如水

郡望：始平郡、南安郡、南阳郡、谯国郡、高阳郡

堂号：南安堂、南阳堂、谯国堂、始平堂、高阳堂

廉洁人物：庞尚鹏

庞氏的起源可分为两支。一支起源于黄帝嫡裔，最早可追溯至颛顼之子——庞降。另一支起源于周王室，可追溯至周文王之子、周武王之弟——毕公高。毕公高子孙中的一支被封于庞乡，并以封邑为姓，相传至今。据南海庞氏族谱的记载，广东庞氏的始迁祖是庞十九公。其原居襄阳，后因避乱，于南宋开禧元年（1205）从珠玑巷南迁至广州南海弼唐村定居。

广东庞氏家族因家风廉洁而远近闻名。庞氏家训中“禁奢靡、严约束”的意蕴代代相传，成为庞族子孙立身处世的准则。明代的庞尚鹏便是庞氏家族中廉洁奉公的楷模。他于嘉靖三十二年（1553）中进士，历任福建道监察御史、浙江巡按等职。任职期间，庞尚鹏以“一廉如水，一猛如虎”著称，严惩贪官污吏，打击豪强恶霸，被誉为“庞铁面”。在福建，他严惩横暴害民的锦衣卫校官；在河南，他打击干扰法令的地方豪门；在浙江，他推行“十段锦法”和“一条鞭法”，减轻百姓赋役负担。当巡抚蔡汝楠为讨好皇帝而进献白鹿时，庞尚鹏敢于直言，愤怒斥责：“四方百姓流离失所，难道还忍心歌颂升平？”西湖堤上的“遗爱祠”便是浙江百姓为铭记其德政而建。

庞尚鹏在地方积极兴办儒学，招收商人及灶户子弟入学，并从中选拔政府理盐的官吏。同时，他对教育子女也十分重视，写有《庞氏家训》，其中《严约束》一篇提及：“田地财物，得之不以义，其子孙必不能享。”以此训诫后人不得贪不义之财，财富必须取之有道。在优良家风的影响下，庞氏家族后人虽未再达到庞尚鹏那样的显赫地位，但他们不论从事何种职业，均多谦恭有礼，颇有善名，始终将廉洁奉公、勤勉敬业的精神铭记于心。《庞氏家训》是庞尚鹏治家的心血结晶，在当今的日常生活中也同样具有警醒作用。

庞尚鹏不仅以清廉立身，他还通过《庞氏家训》将廉洁家风代代传承，成为后人效仿的楷模。其家训内容涵盖“禁奢靡”“严约束”“崇厚德”“慎典守”“端好尚”等多方面，这些训条代代相传，无论时代如何变迁，始终指引着庞氏族人坚守廉、德、勤、俭的家风文化，是后人的精神基石与行为准则。

家训

虽蔬食菜羹，终身有余乐，苟不知分量，曲意求盈，虽欺天罔人而不顾，有不颠覆者乎？

——《庞氏家训》

廉箴

陶熔万类频开局，坐运乾符转坤轴。

未论黄土尽黄金，且令四海家家足。

——明·庞尚鹏《虚室行》

郑

荥阳世泽
忠勇传家

郡望：荥阳郡、高密郡、陇西郡、南阳郡

堂号：荥阳堂、博经堂、安远堂

廉洁人物：郑子诚

郑姓历史已有三千多年，主要发源于今河南中部一带，即古代荥阳郡的管辖范围，故有“天下郑姓出荥阳”或“荥阳郑氏遍天下”之说。唐宋时期，郑氏族人便开始南迁，广东恩平《郑氏族谱》就记载：“于神宗熙宁元年，次子荣茂迁居广东南雄府保昌县沙水村珠玑巷。”后于岭南开枝散叶，繁衍生息。

韶关乳源郑氏一脉有“德、国、端、政、仁、良、正”等字辈，字字凝练着兴邦济世、仁德治家的宏愿，而明代郑子诚的事迹，尤显这一家风。韶州乳源县武阳都人郑子诚，于明洪武末年以贤良科入仕，累官至云南监察御史，为人忠勇，为官廉慎。正统年间，瓦剌太师也先屡犯边疆，郑子诚奉诏巡视西部边陲，与都御史罗亨信共谋戍边大计。行军途中，敌寇突袭，京师告急，都指挥安敬却临阵畏敌。面对安敬懦弱之举，郑子诚当机立断，上奏请求斩杀临阵退缩的都指挥安敬，此举大大震慑了军心，军士们心生敬畏，作战英勇，所向披靡，边境逐渐安宁。边患稍平后，郑子诚巡视大同、宣府，深知“兵无粮则散，民无食则乱”，于是广开屯田以足军饷，又奏请修筑土木堡、宣城以固边防。然忠言逆耳，他的建议与宰执大臣相左，建议未获采纳。郑子诚一心为民，不愿折节依附，遂以病辞官，归隐乡野。郑子诚虽退居林下，其忠勇刚直的品格却为后世铭记。万历十八年（1590），直隶巡按何公将其事迹辑入《法鉴录》，列为御史楷模，以警后世。

郑氏家风尤重“忠、勇、廉、慎”。后世更是涌现了郑大进、郑观应、郑裕彤等忠义仁勇之士。他们得权不谋私，有势不欺人，正如郑氏宗祠联语“俭素为礼本，大哉圣训，瞿瞿率履永无荒”所言，郑氏族人不论身居庙堂还是躬耕乡野，皆以忠孝为本、清廉为荣。

“诗教传家久，荥阳世泽长。”郑氏一族以荥阳为根，以忠勇为脉，代代相传的不仅是姓氏血脉，更是“修身报国”的精神薪火。从郑子诚的铁骨丹心，到族谱字辈中的“仁良正”，郑氏家风穿越千年，始终激励后人以廉正立身，以忠勇济世。

家训

崇祀以敦孝思，耕读以务正业，孝悌以隶家风，睦族以念同宗，尊师友以习礼仪，戒争论以敦和好，择配偶以选良家，戒赌博以遏游荡。

——郑氏家训

廉箴

人能不贪，乃无后悔。至公无私，辞金却贿。布衣蔬食，儒士何嫌。四字铭坐，俭以养廉。

——清·郑观应《招商局公学开学训词》

官

兴学育才 廉洁无私

郡望：天水郡、东阳郡、京兆郡、中山郡

堂号：天水堂、东阳堂、中山堂、敦睦堂

廉洁人物：官乾荣、官文森

官姓的起源有多种说法，常见的说法是源自周大夫刘定公夏，他为官清正，政绩卓著，当时的人们称其族人为“官族”，其后人遂以“官”为姓。广东官姓多源自唐宋时期中原地区的迁徙。他们先辗转至江西等地，随后一路南下，经赣南进入广东粤北地区，在南雄珠玑巷聚居，发展根基。此后，官姓族人沿着北江、东江等水系，逐渐向其他地区拓展，一些族人又进一步迁徙至粤东、粤西等地。

在广东官氏家族的家祠门联中，“赉金兴学，勘田辨诬”等联语尤为醒目，这些联语不仅体现了官氏家族的家风传承，更彰显了官氏先祖的高尚品德。其中，“赉金兴学”指明代长汀人官谦借贷粮种，减免劳役，拿出自己的俸禄修葺庙学的故事。而始兴的官乾荣虽未居庙堂，但他的义举与官谦有异曲同工之妙。作为满堂客家大围的缔造者，他的事迹在几个世纪以来一直被后人传颂。清嘉庆二十年（1815），官乾荣出资创办了梯云轩学堂。他不仅提供教学场地、经费和校产，还设立奖学金，鼓励学子们努力学习，为家国建功立业。除了兴学育才，官乾荣还积极投身于地方公益事业。彼时，隘子满堂村到翁源县长安乡的道路崎岖难行，官乾荣出资将其铺成石阶路；在建造通利桥过程中，官乾荣不仅首倡捐资，还在资金不足时全部包揽缺口。当有人提议将此桥命名为“乾荣桥”时，他坚决反对，认为“方便通行，人人得利即可”，最终此桥被命名为“通利桥”。这种无私的教育理念和慷慨的资助行为，也为官乾荣赢得了乐善好施、廉洁无私的美誉。

官乾荣的义举和品德成为官氏家族的骄傲，也为后人进行家族治理和家风传承提供了优秀的范本。同为广东官氏族人，官文森继承了官乾荣的乐善好施、廉洁无私。他热心华侨公益事业，在抗日战争时期，独资组织“惠侨救乡会”“东江华侨回乡服务团”“文森女子救护及宣传队”，参加抗日救亡运动。

官氏家族以“九叮咛”和“九要九不要”为家训，包含“崇文尚武、重义厚礼、爱惜廉耻、耕读勿废”等内容，指引着官氏族人坚守仁、义、礼、智、信的家风文化。

家训

戒争讼，饬廉隅。

——始兴清化天水堂官氏《家训十二条》

廉箴

慷慨好施，与凡恤灾，济贫兴学育才，保护乡里，诸义举无不乐。

——民国时期《始兴县志》卷十二《列传上》

屈

节义文章
师表岭南

郡望：临海郡、丹阳郡、河南郡、新丰郡

堂号：临海堂、丹阳堂、河南堂、新丰堂

廉洁人物：屈大均

屈姓源出楚国，始祖为楚武王之子屈瑕，因封于屈地而得姓。广东的屈姓族人主要源于明清时期的移民。早期屈姓先民从中原或湖南、江西等地南迁，经赣南进入粤北，在南雄珠玑巷逐渐扎根。随后，他们沿北江、东江等水系向珠江三角洲推进，形成多个聚居点。明清时期，部分屈姓族人更迁徙至广西、海南及东南亚各地。如今，广东屈姓虽人口不多，但传承至今，已成为岭南文化的重要组成部分。

“禺山衍派，临海名宗”“并蒂花开连理树，新醅酒进合欢杯”，是广东屈氏宗祠的常用对联，表达了屈氏的历史源流和其先祖对后人的殷切期望。屈大均是明末清初岭南诗歌的代表性人物，虽出身寒微，却以清廉自守、坚守节操而闻名，位列“岭南三大家”之首。他出身并非世家大族，青壮年时从军、为僧、远游，并未积攒下资生的家业。50岁时，曾写《贫居作》组诗16首，其间描述自己的窘况：“无以为忠养，艰难是此时。白头惟饮水，黄口但哺糜。”两广总督吴兴祚知他困顿，赠予他官田，并打算举荐他为官，但他坚守气节，自称明朝遗民，一生未仕清朝。屈大均的故事，成为广东屈氏家族不慕私利、坚守节操的典范，为后世所敬仰。

屈氏家族十分重视家族教育与家风传承。明崇祯三年（1630），屈大均父亲屈宜遇虽家贫，但只要有一点余钱，必用来买书。屈宜遇对儿子说：“我把书当作田地，将来会传给你。我们家可以没有田，但一定要有书，好比父亲播种，儿子耕耘，一定会有收获。”清顺治三年（1646），清兵第一次攻陷广州。屈宜遇告诫儿子不得出仕清朝：“以前让你们读书应举，是为了将来报效国家；现在神州沉沦，出仕就是不义了。我们要干干净净做人，保存人伦大义，你们一定要记住我的话！”屈大均就是在这样的教育下，成长为一个满腹经纶、忠君爱国、不改气节、不慕名利的人。

屈氏家风家训以爱国精神和廉洁品格为核心，强调忠诚、清廉、正直和孝道。这种家风传承至今，激励家族成员坚守道德底线，勤奋好学，清廉自守，为岭南地区的文化传承和社会发展作出了积极贡献。

家训

能以忠孝立本，勤俭培根，勤耕稼，功书读。经济繁荣，人文昌盛，文采有声，祖德宗功，世代宏扬。

——《屈氏家训》

廉箴

一笑无秦帝，飘然向海东。
谁能排大难？不屑计奇功。

——清·屈大均《鲁连台》

赵

中令世泽
半部家声

郡望：天水郡、南阳郡、颍川郡

堂号：天水堂、半部堂、孝思堂

廉洁人物：赵师质、赵希璜

赵姓源流可追溯至伯益后裔造父，因受封赵城（今山西洪洞）而得姓。战国时期建立赵国，秦灭赵后分为天水、涿郡两支，部分族人南迁融入少数民族。秦汉之际赵氏入粤，曾建立南越国。韶关赵姓主要分布于新丰、乳源两地，其中新丰赵氏为宋太祖次子赵德昭后裔，清代为当地望族，代表人物有廉洁从政的赵师质、赵希璜父子。

赵师质在五任县官、两任州官期间，体恤百姓，治政有方；拯救百姓于危难之时，不畏风险，勇于担当。赵师质上任沛县知县不久，沛县发生严重水患。他带领县衙人员到灾区抗洪抢险，身先士卒，指挥舟排抢救被洪水围困的百姓，又亲自到河堤上指挥抢堵决口的河堤。连续奋战了多个昼夜，河堤终于被堵住，百姓们避免了更大的灾难。洪水退后，赵师质火速派人上报请求开仓赈灾。但沛县离省城有数百里之遥，往返时间长。为解燃眉之急，赵师质果断下令打开粮仓取粮赈灾。县丞劝告说未经上级同意擅自开仓违反大清律例，要被追究责任。赵师质慨然回答，只要能救活百姓，一人斩首又何足道哉？两江总督视察灾情时，充分肯定赵师质开仓赈灾，敢于担当，并大加嘉赏，令赵师质名声大振。赵师质任职泰州期间，见北门河水浅时，人们可以涉水过河，逢雨季要用小舟摆渡，出行极不方便。于是出资在河上建造了一座桥，解决了百姓出行难的问题。因桥建在北门而取名为“北门桥”，老百姓感念赵师质的功德，遂将此桥称为“赵公桥”。

赵师质的儿子赵希璜，受父亲的影响，精通军事谋略，擅长水利建设，兼通修志。赵希璜在安阳任职十年，以政绩卓绝、廉洁为民著称。他以治政劝农、救灾办学为急务，重视兴修水利，督导凿通县西万金渠，引来河水解决农业受旱缺水，捐资奖励有才干的学生，尊重知识，爱惜人才。公务之余，他为百姓讲授孝悌之道，培养淳朴的民风。他推广种植桑麻等作物，增加农民收入，每次下乡都是单骑独往，毫不扰累于民。

赵希璜非常重视军法军纪的约束作用，他在《拟征邪教疏》中提出“立法尤贵于行法”“赏必先远而后近”“罚必使近而后远”，主张在军纪赏罚面前人人平等，不迁容权贵亲近，从而“近者畏威”“远人服德”的效果，使军队步调一致、战力提升。赵希璜认为军事屯田、寓兵于民有诸多便利，可以节省开支、充足国用，减轻百姓负担，军队长期屯垦，熟悉当地情形，坚门户，固藩篱，有事则战，无事则耕，进可攻，退可守，军用充足，军心稳固。

家训

敦孝悌，睦宗族，力本业，慎交游，和兄弟，训子弟，尚勤俭，戒争讼，遵法律，禁非为。

——摘自新丰《赵氏族谱》

廉箴

刑以惩恶，赏以酬功，古今通道也。且刑赏天下之刑赏，非陛下之刑赏，岂得以喜怒专之。

——北宋·赵普

胡

铁面御史 立朝有节

郡望：淮阳郡、安定郡、庐陵郡

堂号：淮阳堂、安定堂、庐陵堂

廉洁人物：胡定

胡姓源流主要有四种说法：一是出自妫姓，以谥号为姓。据《元和姓纂》记载，帝舜后裔妫满被封于陈，谥号“胡公”，后代以谥为姓。二是以国为姓，周代胡子国灭亡后，王族以国名为姓。三是少数民族改姓。四是避祸或官职改姓。胡氏早期主要分布在山东、河南，后逐渐迁至四川、山西、湖北等地。五代南唐时，江西成为胡姓繁衍中心，其中一支由湖南迁入江西吉安，胡定之父胡子开即属此脉。

胡定（1709—1789），字敬醇，南雄人，号静园，《清史稿》载其字为登贤。胡定为官以秉直敢言、不避权贵而闻名朝野。乾隆五年（1740），胡定本着秉直的性格，上疏奏陈湖南巡抚许容诬陷粮道谢济世一案，揭发湖广总督孙嘉淦以及布政使、按察使、长沙知府、衡州通判、善化知县等诬陷谢济世的情况。经朝廷派员调查，雪谢济世冤，夺孙嘉淦、许容等职。在该案中，胡定揭开了清朝官官相护、诬陷忠良的黑幕，得到了朝廷的赞赏。胡定调任兵科给事中后，尽职尽责，从百姓口碑中得知行善之民者，就将其姓名列于榜上公布，并将榜立于大街旁，如发现一些在市井中行恶之恶棍流氓，也将其姓名公布于榜上，将榜立于大街另一旁，善恶相对、令人皆知。从此，行善者日益增多，为恶者日益减少。在此任上，胡定破获了西山卧佛寺被盗一案，秉公审案，查获真盗，使冤僧得雪，御史降官，亲戚除籍。京城官员、百姓皆无不拍手称快。

胡定的铁面无私、秉直敢言得罪了一些贪官污吏。在他担任福建道御史时，向上参奏台湾知府孙景燧、台防同知刘享基、台湾县知县程峻等官员不法行为，未待回复，又参劾内务部郎中侵帑剥民。军机大臣傅恒认为胡定服满复官、贪功冒进，对乾隆说胡定所奏不实。乾隆十分信任傅恒，便下旨将胡定夺职下狱。胡定罢官回到家乡南雄，家中已是残垣断壁。为求谋生，他先后掌教于江西瑞州凤仪书院、韶州韶阳书院、道南书院。执教生涯中，写下了不少咏梅的诗句，以此托物言志，赞美傲雪寒梅坚强、高洁的品质；他还多次带学生登上韶州风度楼，缅怀贤相风度，鼓励学生要以张九龄为榜样。其著有《双柏庐文集》《御纂通鉴纲目测义》，编纂《南雄府志》十九卷。胡定的一生就是如此，无论是做官还是做人，均能做到知行合一，立朝有节，至今仍深得世人赞誉。

家训

敬如宾，共勉励；理家事，齐努力；讲道德，有仁义；学本事，通古今；勤耐学，壮而行；上报国，下泽民；父创业，多艰辛；子承业，勿奢侈。

——《胡氏家训》

廉箴

峻岭标名胜，琪花映雪攒。幽香云际永，瘦影涧中寒。

拔俗清堪掬，凌空秀可餐。孤高银汉接，胜似灞桥看。

——清·胡定《瘦岭素梅》

钟

心系百姓 维护盐政

郡望：颍川郡、竟陵郡

堂号：颍川堂、竟陵堂、四德堂

廉洁人物：钟万璋

钟姓主要源于周代宋国伯宗后裔，其子州犁封于钟离（今安徽凤阳），子孙以邑为氏。韶关钟姓多于宋末至明清时期自福建上杭、江西赣州迁入，主要分布在曲江、南雄等地。

明朝天启年间，在乳源南水石背钟氏家族诞生了一位贤德才能兼备之人——钟万璋。钟万璋自幼聪慧好学，一心考取功名，建功立业。无奈明朝自万历以后朝野腐败，科举之路荆棘丛生。钟万璋十次踏入科举考场，屡败屡战，却始终未曾放弃。终于他被举荐为岁贡生，得以进入国子监就读，后授任四川保宁府经历。

钟万璋工作认真负责，他的才能得到上级赏识，被提拔为云南三泊县令，后升任安宁州同知。在安宁州同知任上，他深入群众，体察民情，每到一处，都竭力为乡绅百姓解决实际问题。云南山多，旱灾频发，高处田地灌溉困难，百姓只能肩挑背扛，劳动强度大且效果不佳。钟万璋看在眼里，急在心里，他悉心研制水车，请来工匠反复调试。水车研制成功后，周边农田得以有效灌溉，旱情大大缓解，水车也在云南广为流传开来。

钟万璋爱民如子，清正廉洁，刚正不阿。盐作为生活必需品，历代多为官方经营。安宁以产盐著称，一些不法商贩为谋取私利，绕过官府税收将盐运往外地套利，甚至有不法商人与外地官员勾结，从安宁偷运食盐，通过官员获取国家许可，公私两头获利。钟万璋得知后，暗中调查，在掌握确凿证据后，向上级府衙如实反映，坚决惩处了这些贪官污吏和不法商人，维护了社会的公平正义和朝廷的利益。

钟万璋的一生，是廉洁奉公、心系百姓的一生。他以自己的实际行动诠释了为官之道和为人之本。他的廉洁精神如同钟氏家族的精神灯塔，为后世子孙照亮前行之路；他的爱民情怀和刚正品质，成为钟氏家族传承的宝贵财富。此后，乳源钟氏后人虽未在仕途上有显赫成就，但将钟万璋的廉洁品质、爱民之心和高尚品德铭记于心，在平凡生活中坚守正道，与邻里和睦相处，以实际行动传承着家族的优良家风。

家训

端家规，守法度，习耕读，务勤俭，重族义，慎嫁娶，严教子，贫无谄，富无骄。

——颍川堂钟氏族谱《钟氏家训》

廉箴

莫远于万里之外，而莫近于一室之内，资慈赞惠，从俭补清，可知其贤之可述尔。

——圣旨《云南安宁州知州钟万璋并妻制文》

侯

侯门清官
勤政为民

郡望：上谷郡、丹徒郡、河南郡

堂号：上谷堂、救赵堂

廉洁人物：侯晋升

侯姓的由来可追溯到三千多年前。周成王小弟唐叔虞的封地在晋国，而侯氏正是出自晋国的公族。春秋时期，晋国的公族晋哀侯和他的弟弟被晋武公所杀，他们的子孙便迁居他国，而且以祖先的爵位为姓，是为侯姓。韶关很早便已有侯姓居住。南朝梁武帝后期，有一位郡主簿叫侯安都，来自始兴郡曲江县桂头（今乳源瑶族自治县桂头镇）。到了宋朝，又有一支侯姓从江西省赣州府宁都县樟树潭搬迁到韶州府曲江县梅塘立基，之后搬迁至水尾村，始祖为侯舜道。从此，侯姓在此繁衍生息。

曲江侯氏开基近千年以来，秉承着“修身齐家，治国平天下”的理念，强调族人要注重个人修养及家庭的和睦。在这样的家庭环境教育下，侯晋升成长为一名清正廉明的好官员。侯晋升，字德昭，北宋时期韶州曲江县人。元丰八年（1085）登进士，任程乡（今广东梅县）县令，后升任南恩知州。史载，侯晋升与苏轼、苏辙兄弟二人相交甚好，家中藏有此二人的墨帖。苏轼在一张帖中写道：“蒙示新论，利害炳然，文亦温丽，叹服不已，但恨罪废之余，不能少有发明尔。”关于侯晋升与苏东坡如何相识，还有一段故事。北宋绍圣元年（1094），苏东坡因“元祐党事”案被贬岭南惠州。一次苏东坡途经梅州，偶遇侯晋升。之后，侯晋升又多次到惠州拜访苏轼，一来二往，二人终于结为好友，交流诗文、共商政见，无话不谈。

与苏东坡的深交，使得侯晋升受益匪浅，彻底改变了他对人生、世态和官场的看法。升任南恩知州后，侯晋升更是鞠躬尽瘁，认真履行职责，深入民间体察民情，赈济当地穷苦寡弱百姓，对英雄豪杰以礼相待。侯晋升一生为官清廉，政绩卓著，当地百姓无不称赞。由于任内长期奔波劳累，侯晋升积劳成疾，在南恩州任职一年后病故。

家训

处于家者，守纪守纲，仕于朝者，为忠为良。居于内者，和亲和邻，旅于外者，爱国爱乡。致力仁义，兄弟不争，遵规守矩，无私无偏。

——上谷堂侯氏族谱《侯氏家训》

廉箴

开国元勋，定策元勋，伟绩千秋垂史乘；精神不死，名誉不死，威名万古壮乾坤。

——（祀侯安都）上司庙联

姚

青天廉节 官守洁风

郡望：西平郡、吴兴郡、南安郡

堂号：西平堂、吴兴堂、南安堂、历山堂、耕历堂、仁圣堂、三畏堂

廉洁人物：姚钿

作为多民族融合的古老姓氏，姚氏可追溯至五帝之一的舜帝。舜帝本姓妫，因生于姚墟（今河南濮阳）而得姓，后裔遂以姚为氏。唐宋时期，随着社会经济的发展和人口的增长，姚氏逐渐向各地扩散，其中一支迁徙至梅州程乡县（今梅州市梅江区），自此在风景秀美的广东安家立业。

姚姓宗祠门联有“文章华国，诗礼传家”“天昨奇峰环拥岧峣允矣历山景象，池亭绿涨襟涟浩渺依然沩水渊源”“艰苦创业忠孝传家，为官清廉同舟共济”等，以表姚氏清廉家风。明代新丰县回龙镇丘姚村人姚钿（1570—1643），以清贫守志、刚正立朝而名垂青史。姚钿少时贫苦，但刻苦坚毅，47岁方中举，49岁登进士，从此步入仕途。长期的清贫生活养成了姚钿同情穷苦人民、嫉恶如仇、刚正不阿的性格，故其为政也清廉爱民。当时的浙江嘉兴府豪绅恃财枉法，胥吏挟势作奸，百姓衔冤负屈。姚钿任嘉兴府推官后，宽猛兼济，将积存数十年的狱案一一清理，蒙冤之人一一得以洗雪，特别是神速捕获了当地巨盗，惩贪清腐，荡平乱兵，轰动一时。时人莫不惊叹其神明，称其为“姚青天”。他的清廉声誉广为人知，就连其他地方冤屈难申的百姓都向上级官府申请让姚钿审案。

崇祯十四年（1641），姚钿已是古稀之年，在大明王朝风雨飘摇之时任顺天府府丞兼大理寺卿。面对风起云涌的农民起义、关外虎视眈眈的清军，姚钿自知难挽狂澜，含恨还乡。虽辞官回乡，但他仍发挥余力，为政府贡献力量，不仅撰写了《重修长宁学宫记》，还撰写了《先月楼稿》20多卷、《嘉禾谳语》6卷等。崇祯十六年（1643），顺治继位，农民起义军李自成建立大顺政权，曾经的太子太师、两袖清风的尚书姚钿满怀遗憾，悄然离世，独留下“姚青天”“姚尚书”之名流传千古。相传，崇祯皇帝念姚钿是一位忠君大臣，在他解甲还乡居住的地方，为他题赠了“天官里”这个里名。

从舜帝“象刑明刑”的德治理念，到姚钿“囊无余财，案无留牍”的为官之道，廉洁基因始终贯穿着这个古老姓氏的血脉。正如新丰姚村姚氏宗祠楹联所书“先祖勤善吟芳德，后裔奋发颂英才”，姚氏的廉洁精神在新时代后生之辈身上仍焕发着历久弥新的光芒。

家训

虞舜家风，忠孝并举。积德行善，重教尚学。

——姚氏家训

廉箴

尔以金玉为宝，吾以廉慎为师。

——唐·姚崇《辞金诫》

骆

忠廉守节 流芳千秋

郡望：内黄郡、会稽郡、河南郡、谯阳郡、辽东郡

堂号：内黄堂、会稽堂、河南堂、谯阳堂、辽东堂

廉洁人物：骆安民、骆时宪、骆极

骆姓发于今山东境内，齐都营丘是骆姓最早的繁衍之地。此后，骆姓逐渐迁往江南。宋元两代，称盛于江浙一带的骆姓，播迁至今福建、广东。如今，骆姓在全国分布较广，尤以广东、贵州、北京等省市多此姓。

祠堂是民族发展的象征，也是对先祖的怀念，是家族成员聚会、传承家族文化的活动中心。骆氏祠堂门楣题词多为“名高四杰，勇冠三军”“三军韬略，两溪山林”“四杰才名，三军韬略”，以示对先祖的崇敬之情。骆姓常以“文杰”为堂号。堂号“文杰”源自唐朝的骆宾王。骆宾王七岁能作文，后与王勃、杨炯、卢照邻并称“初唐四杰”。徐敬业起兵征讨武则天时，骆宾王为他写檄文。武则天读到此文时，大惊失色道：“像这样的人才竟让他流落不遇，这真是宰相的错误了！”故常见门楣题“散栗施贤姊之仁，传檄惊武后之愧”的感叹。

骆氏的淳厚家风一路向南，廉洁事迹在岭南大地开花结果。岭南骆氏开

基之祖骆安民，原是湖南临武人，宋天禧年间（1017—1021）中进士，授以乐昌县令。任职期间，他勤政为民，在泷水修筑城墙，为百姓开辟一隅安宁之境，赢得了奉公尽职的好名声。任期满后又连任，卸任后选择在乐昌的柏沙里定居，从此在乐昌繁衍生息。在骆安民的影响下，乐昌骆氏子弟勤奋好学，人才辈出。据民国《乐昌县志》记载，《仕宦表》里录入的骆姓人名近20条，宋代韶州乐昌人骆时宪便是其中的杰出代表。

宣和元年（1119），骆时宪因经术湛深、品行端方，被选授为国子监五经博士。绍兴十三年（1143），流寇肆虐，边境民不聊生，骆时宪率领众人奋勇抗击，因寡不敌众而被擒获，他不断抗争叫骂，最终遇害。朝廷闻讯，为他的凛然气节震撼，追赠他为奉训大夫、国子监祭酒，并赐予安葬祭祀。骆时宪的忠烈义举离不开家风的熏陶，他的父亲骆极，由举人被授予河中录事参军，归乡后乐善好施。治平二年（1065），乐昌发生大饥荒，商贾趁机屯粮涨价，骆极却捐出三千石粟米来赈济饥民，百姓无不为之称赞。

以廉守身、公而忘私，这是骆氏先祖留下的宝贵的精神财富。骆氏名人代代出，廉洁奉公世世传，骆氏后人对先祖这一美德极力推崇和效仿，并以此为家风，教育和示范后人。

家训

敬祖宗，孝父母，宜兄弟，和夫妇，睦宗族，教诵读，戒溺孩。

——骆氏家训

廉箴

官清安宅道如舍，宦游佳是右军山。

——清·骆秉章

袁

憎恶惜名 育人传志

郡望：陈郡、汝南郡、河南郡、彭城郡、东光县、京兆郡

堂号：卧雪堂、守正堂、陈郡堂、汝南堂

廉洁人物：袁崇焕、袁振英

袁姓源于妫姓，出自西周时期陈国开国君主陈胡公满之裔孙伯爰，属于以先祖名字为氏。据唐朝学者林宝《元和姓纂》载，袁氏源于“妫姓，舜后陈胡公满之后。胡公生申公，申公生靖伯庚，庚生季子恬，恬生仲牛甫。甫七代孙庄伯，生诸，字伯爰，孙宣仲涛涂，以王父字为氏。字或作‘爰’‘辕’，其实一也”。由于上古时期爰、袁、辕、猿、榬、援同音同用，所以爰姓也作袁姓。袁姓发源于河南太康。宋末，随着金兵南下和蒙古骑兵进扰，袁姓又徙居于今扬州、南京、广东等地。

据《袁氏族谱》记载，北宋时官拜朝奉大夫的袁悦塘，自江西信丰迁至广东东莞温塘茶园定居，为广东袁氏开基始祖。另有一支于宋朝自南雄珠玑巷迁东莞中堂袁家涌。据《广东袁氏族谱》记载，十六代袁红瑁从兴宁罗岗迁东莞石碣水南立村袁屋墩。在今温塘，留存着一座残破的祠堂，正额石刻“乡贤袁督师祠”和木牌匾“蓟辽柱石”。这里的“袁督师”，指的是明代

抗后金英雄袁崇焕。袁崇焕是明末名将，广东东莞温塘人。他以卓越的军事才能镇守宁远，屡次击退后金军进攻，但因朝廷猜忌被诬陷通敌，最终含冤而死，成为明末悲剧英雄。除军事才能过人之外，袁崇焕还恪守“不爱钱、不惜死”之训，一直为官清廉。他自称从出任邵武知县到宁前道的四年间“未尝余一钱”。在晚明“何官非爱钱之人”的官场风气下，袁崇焕的清廉显得难能可贵。袁崇焕死后查抄家产，其本人在北京和宁远的所有财产（不含御赐物、勘合、佛经）变卖后仅折合白银1103两8钱5分，他在东莞老家的不动产（田塘、房舍）被查抄变卖后折合白银5361两5钱5分5厘。

袁崇焕之后，我国早期共产党员袁振英，将“不爱钱、不惜死”的先祖训言带入了近代。1894年，袁振英出生在广东东莞温塘乡，祖父袁居敦中过县学（秀才），多次代人考取举人，自己却不屑进入官场，终身以教私塾为生。袁振英自称遗传了祖父的性格，以教书为职志。蒋介石多次写信邀他去做官，他不肯去，说看不惯国民党的腐败。奉一辈子不当官的信条，这个教书匠先后拒绝了蒋介石、汪精卫、李宗仁授以“高级翻译官”的聘书。1940年，袁振英故居曾作为中共东莞县委机关。2018年，东莞市人民政府将中共东莞县委机关旧址列为近现代重要史迹及代表性建筑。

每逢休假日，都有游人来到温塘，瞻仰两位袁氏族人的事迹。“勿作风波于世人，留得清白在人间”，袁氏家族不仅承载了深厚的历史文化，更以“不爱钱、不惜死”的精神，展现了中华民族的清廉与坚韧。

家训

心术不可得罪于天地，言行要留好样与子孙。

——平远袁氏家训

廉箴

太息弓藏狗又烹，狐悲兔死最关情。家贫资罄身难赎，贿赂公行杀有名。脱帻愤深檀道济，爱书冤及魏元成。备遭惨毒缘何事，想为登场善用兵。

——明·袁崇焕《无题·太息弓藏狗又烹》

莫

状元家训 信义谦和

郡望：巨鹿郡、河间郡、江陵郡

堂号：钜鹿堂、敦本堂、德荫堂

廉洁人物：莫宣卿、莫嘉宠

莫姓起源多元，一为颛顼帝后裔，以河北鄚阳城（今任丘）地名为姓，后简化为“莫”；二源于春秋楚国世袭官职“莫敖”，屈氏后裔以官为氏；三可追溯至虞舜祖先虞幕，“莫”“幕”古字相通。在唐代中后期，安史之乱导致中原动荡，比部员外郎莫藏用奉旨宣慰岭南，开莫氏官宦南迁先河。后裔分迁福建莆田，沿西江水系进入粤北，在封川渔涝村开基。另有一支在两宋时期沿赣江—北江水道进入粤北南雄珠玑巷，逐步扩散至珠三角及西江流域等地。

《莫氏家训》是岭南第一位状元莫宣卿在殿试时所作，唐宣宗以家训为题，要求在一炷香时间内完成作答。莫宣卿仅用一寸时间完成，获皇帝赏识，家训核心“信义谦和”也被奉为莫家的族训。唐大中五年（851），来自封川县（现封开县）的17岁岭南寒士莫宣卿高中状元，终结了中原对岭南“蛮荒无才”的偏见。这位史上最年轻状元不仅是《莫氏家训》的起草者，更是躬行者。其“信义谦和，忠孝勤俭”的立身准则，贯穿于宦海沉浮与家国担当之中。莫宣卿初入翰林即显风骨。面对牛李党争，他拒入令狐绹阵营，以“辅国自然熙帝载，格君不用坏黄麻”明志，坚守“不结党、不附势”的家训精神。在京目睹宦官擅权、朝堂倾轧，他甘居清寒，以《辞宴》诗自警，最终请调台州别驾，践行“以德胜人”的处世哲学。外放浙东恰逢裘甫起义后的乱局，他轻赋税、抚流民，将家训中“体恤孤贫”化为施政方略。任内更以智谏著称，借薯莨苦味讽喻岭南灾情，促成朝廷免税三年。

莫宣卿虽英年早逝于赴任途中，但其融合士人风骨与家族伦理的精神遗产，至今仍在珠江流域的祠堂楹联、族谱序言中生生不息。清代南雄府始兴县莫氏家族莫嘉宠，以古稀之龄演绎《莫氏家训》的宦海实践。乾隆三年（1738），77岁的莫嘉宠赴任福建崇安县丞，将“忠孝勤俭”的祖训化为暮年的治政准则。《始兴县志》记载他爱护百姓，为官清正廉明，从不接受私人宴请或赠礼，深受当地士绅和百姓的爱戴和尊重。辞官归乡之际，百姓们“脱靴赠衣”表达不舍。莫氏无论贫富，都把子女读书看成第一要务，“宁可以德胜人”的训导，激励岭南学子千年竞逐科场，使广府文脉自唐末始兴。莫宣卿的后代聚居地罗洪村，至今还保留助学制度，奖励考上大学的学子。

《莫氏家训》倡导的“信义谦和、忠孝勤俭”，既是家族立身之本，亦承载着中华传统伦理的精髓。千百年来，莫氏后人通过言传身教、修谱立祠等方式，将这一训诫融入日常言行与处世之道，使家风得以在代际间绵延不息。

家训

为人忠孝当先，治家勤俭为本；静坐当思己过，闲读莫论人非。

——《莫氏家训》

廉箴

处己待人，必戒骄矜二字。勤堪补拙，俭可助贫。宁可以德胜人，切勿以财傲众。奢华乃败家之端，酒色乃藏身之斧。

——唐·莫宣卿

徐

克勤克俭
惟读惟耕

郡望： 东海郡、高平郡、高宛郡、琅邪郡

堂号： 东海堂、南州堂、圣交堂、麦饭堂、敦睦堂

廉洁人物： 徐锡源

徐姓是一个多民族、多源流姓氏。源于嬴姓，以国名为氏。少昊重孙伯益佐大禹治水有功，夏王封伯益之子若木于徐，故地在今安徽省泗县北。战国时，吴国灭徐，徐国的子孙遂以国名为氏，散居于江淮之间。秦汉时期，徐姓南迁至江西南昌、浙江龙游等地，广东徐氏为宋朝江西徐氏做官落籍广东，先居南雄珠玑里牛田村，后迁佛山、广州、梅州、江门等地。

“克勤克俭，惟读惟耕”是徐氏祖训，徐氏堂联多弘扬品德高尚、事亲以孝，节俭持家和读书以勤的人物，如“南州世泽，东海家声”和“会烛夜绩，刻像上食”，表达了徐氏家族积极向上的价值取向和对子孙读书的殷切期盼。在清代粤北南雄府的始兴县，徐氏子弟徐锡源以一生践行祖训，成为家族精神的典范。他不仅以科举功名光耀门楣，更以清正品格与教育功绩，在岭南文化史上留下深刻印记。徐锡源生于康熙末年南塘耕读之家，自幼浸润于“惟读惟耕”的家风。二十岁以府试魁首崭露头角后，他负笈千里拜入名儒张子鹏门下，“会烛夜绩”的勤勉令师友惊叹。其治学“常以膏继晷，虽隆冬不辍”，淬炼出深厚学养。大儒张子鹏赞其“文采不让江左，必为粤东冠冕”。

雍正十三年（1735），徐锡源乡试中举，被授予广东盐大使的职位。任职期间，徐锡源面临巨大考验。清代盐商行贿、官吏中饱私囊已成积弊。他执掌盐场时，面对盐业所带来的金钱诱惑，从未有贪腐之心，而是奉公守法，清正廉洁，兢兢业业，使辖区盐市井然，税赋充盈，确保了当时广东盐业市场的稳定和规范。退隐后，徐锡源筑南塘书屋授徒，将半生所学倾注乡梓。他主张“学问在日用伦常”，教学既重经义又倡躬行，门下“彬彬称盛，始兴名士半出其门”。所著五十篇教学文稿构建了独具特色的教育体系，这些文稿中的教学经验之谈被当时始兴学子奉为不可变更的学习准则。

广东徐氏族人秉承祖训，能人辈出，如清晚期广州花都三华徐氏家族，有徐方正和表弟徐表正两人，为官三十载，勤政报国，造福民众。同治皇帝封赠其祖父徐德魁和父亲徐时显为资政大夫，徐时亮为奉直大夫。还有三华徐氏近代民主革命家徐维扬等，这些名人在军事、经济和政治等各个领域取得了显著成就，对广东乃至中国的现代化进程产生了深远影响。徐氏家训家规对孝义、礼仪、修身、处事、治家的要求始终不变。徐氏子孙保持“克勤克俭，惟读惟耕”孕育的忠义血脉，在潜移默化中传承着良好的家风，代代相传。

家训

孝悌忠信、礼义廉耻、仁爱和平、遵纪守法、科学发展、合作共赢。

——河源徐氏家训

廉箴

若仪物之过丰，例无冒受；惟隆情之下逮，即衷切镌衔。

——明·徐光启

凌

廉风世泽
清贫自守

郡望： 河间郡、渤海郡

堂号： 河间堂、渤海堂、云龙堂

廉洁人物： 凌云

《元和姓纂》载：“康叔支子为周凌人，子孙以官为氏”。所谓“凌人”，是当时的一种掌管夏季藏冰的官。凌氏源自周文王的孙子，由于在朝廷担任“凌人”，后代以官为氏。故凌氏的后人尊康叔为凌姓的始祖。在广东地区，凌姓族人多为唐宋时期从中原南迁而来，他们扎根粤北，沿江而居，繁衍生息。

在广东地区，凌姓族人多以“河间”“渤海”为郡望，以表对中原先祖的怀念。其门联、堂联也多与家风、事迹相关，如“伐冰世系，河间家声”“一针显奇效，三峡救众生”“莲露凝珠，焕宪台徽德；园林起籁，引孝义清风”“灵鼍负阁，钓鱼列屯”“学尊孟子，清并林逋”等联语，不仅展现了凌姓族人对先祖的敬仰，更体现了他们传承清廉家风的决心。这种家风的形成，也深深地影响了明代的凌云。凌云，明代韶州仁化县人，因文行兼优选为拔贡。天启七年（1627），凌云中举。崇祯十三年（1640），凌云参加会试获得副榜，授职开封府推官。推官相当于现在地方法院院长之职，在明代和清初还兼有审计的职能，对于地方正风肃纪能起到很好的监督和约束作用，是维持官场纪律的重要职位。凌云本性高洁，刚正不阿。在担任推官的十九个月里，凌云清正廉洁，铁面无私，秉公办案，曾查核历年积案多件，平反冤狱数起，贪腐之人望而生畏，不敢因私情来求他。在凌云铁腕般的强力整顿下，开封府一时政纪清明。当地仕人和百姓感恩于凌云为还河南一片清朗作出的贡献，将他的政绩镌刻在洛城的祠碣中。

明朝灭亡后，凌云在蔚州、固始等地隐居了近十年。顺治九年（1652），他回到家乡，终日粗布麻衣，三餐不过糙米腌菜，却淡泊自如。他居住的房屋仅有一伞之地，自名为“伞居”，从此闭门读书，著书立说，著有《陶杜乐此吟》若干卷。凌云平常与人交往，未曾投过一张名刺，巡道周日灿、司理洪公琮听闻凌云的事迹后，都对他的高尚品格肃然起敬。

“勤劳俭朴，富贵不淫。崇文有典，六经闻名。尚武有范，江表虎臣。为官有则，六印家声……”凌氏的廉洁家风，是凌姓族人代代相传的精神财富，激励着一代又一代的凌姓后人，无论身处何种岗位，都要坚守廉洁奉公的品德，为社会作出贡献。

家训

勤劳俭朴，富贵不淫。崇文有典，六经闻名。尚武有范，江表虎臣。为官有则，六印家声。读耕为业，载德行仁。知足常乐，养性修身。文明之族，礼义为宗。忠孝是本，世代传承。

——凌氏家风·家训

廉箴

爱国，为民，忠君，永不仕元。

——南宋·凌震

高

忠孝传家
廉勤济世

郡望：渤海郡、渔阳郡、辽东郡、河南郡、广陵郡

堂号：渤海堂、广陵堂、辽东堂、扶余堂、厚余堂

廉洁人物：高遴

高姓是一个古老姓氏，史载出自姜姓，为西周初年曾经封侯的齐太公姜尚姜子牙的后人。姜尚后人公子高之孙名姜，因曾协助齐桓公称霸有功，而被齐桓公赐姓为“高”，此后姜的子孙世代以高为姓。今广东高氏祖先是南宋时由福建迁至南雄府珠玑巷的高师曾、高师孔兄弟。南宋后期，其后人开始南迁，以粤北南雄珠玑巷为起点，后传至广东各地。

广东高氏宗祠门联多记录高姓名人的典型事迹，以激励后代以先人为榜样，培养优秀品质，如“户部世泽，渤海家声”“前辈典型，秀才风味；华嵩品格，江海文章”“追源溯本格循家声忠孝，近水远山钟毓人瑞期颐”等，无不体现高氏族人对于忠孝良善品质的追求。正是如此高洁的家风，培养出了一代又一代品德高尚的高氏人。曲江高氏以品德高洁垂范后世。清朝曲江马坝乡人高遴，受祖父高猷、父亲高同仰的影响，在民间留下一段佳话。高遴博闻强识，聪明过人，刚满七岁，就能理解书中之意。乾隆四十二年（1777），高遴被选为拔贡，通过四馆考核议叙为州同，分发到广西任职，从此开启了他的从政之路。高遴天性诚恳笃实，以和善之气待人，器度弘深，为官三十年，清廉谨慎始终如一。任职全州西延州同期间，他安抚良民，缉捕暴徒，恢复义学，清查义仓，革除弊端，铲除奸邪，吏治为之一新。恰逢巡抚前往云南审案，上奏请求让高遴一同前往，高遴因协助办理得力而获提拔，担任西隆州知州。在西隆州任职期间，他修建庙学，建立三台书院，带领诸生讲学。政务闲暇时，独自乘车到集市宣讲圣谕，百姓称赞他是好官。后转任宾州知州。宾州境内自从对安南用兵后，公私都陷入困境，高遴整饬庶务，抚循疮痍，招抚流亡卓有成效。后奉檄文去赈济怀集水灾，他尽心抚恤灾民，回来后还捐献一千两养廉银修筑州城，修葺军流场所安置发配的百姓，把当地治理得井井有条。

高遴清廉令人传颂，其孝悌之举亦为世所重。在广西任职不久后其父去世，他哀伤过度而致形销骨立。守丧期满后，他被调回代理南丹州同，担心母亲孤苦伶仃，不辞劳苦接母亲过来奉养，孝子之名远近皆知。

“亲亲长长则民德厚矣，民德厚则天下平矣。”正如族谱中的规训一般，高氏族人将忠孝化为日用常行，以“修身齐家”践行“治国平天下”之志。这种“家国同构”的伦理实践，使得高氏一族既能凝聚族人守望相助，又在岭南持续发挥着济世安民的典范作用。

家训

宜孝亲敬长，畏圣畏天；宜敦亲睦族，无党无偏；宜恤孤怜寡，济困扶倾；宜急公好义，崇德尊贤。

——高氏家训

廉箴

千圣传心一敬修，不知真敬反成囚。欲求一得且永得，须下千休与万休。
疏水曲肱常浩浩，百官万务尽悠悠。廓然天地浑无事，一物胸中岂足留。

——明·高攀龙《戊午吟（其三）》

郭

贤劳著绩
大有政声

郡望：太原郡、华阴郡、汾阳郡

堂号：太原堂、华阴堂、汾阳堂

廉洁人物：郭一骝、郭一骐

郭姓起源主要有三：一是以居住地为姓，如东郭、南郭等，后简化为郭；二是以古郭国为氏；三是出自姬姓，为轩辕黄帝后裔。早期主要活动于中原地区，秦汉时向四方扩散。唐代名将郭子仪因平定“安史之乱”被封汾阳王，其后裔在明正统元年（1436）迁居韶关翁源，成为当地郭姓主要支系。

郭氏家族书香传承，代有建树。至清雍正年间，郭氏家族共出过岁贡、恩贡、拔贡、优贡、副贡五种贡类贡生。翁源县城北区（今翁城镇五一村）有条巷子因此得名“五贡巷”。据史料记载，翁源县新塘铺兰桂里荷坪寨郭氏有位知名人物名为郭一骝。他出生于一个官宦家庭，从小立志当官为民，因而读书非常认真。16岁中秀才，33岁由恩贡授官凤阳府寿州任同知。州同知是知州的副职，主要分工负责地方的盐粮、捕盗、江防、海疆、河工、水利以及清理军籍、抚绥民夷等事务，协同知州管理州务。郭一骝到寿州任同知时，知州尚未到任，郭一骝便负责整个州的所有事务，掌握政权、军权，行使知州的权力。为了防止不法分子逃缴税赋，他设立了税关，为国家财政增加收入；战事紧张之时，兵马未动，粮草先行，他为军队筹集粮饷，从不耽误；农村的水利、交通、垦田、治安等他治理得有条不紊，实谓“贤劳著绩，大有政声”。在寿州任职的十五年间，郭一骝既未调任，也未擢升，一心为民，兢兢业业，不为名利，奉献一生，为百姓所铭记。

同样继承了荷坪寨郭氏优良家风的，还有他的长兄郭一骐。受父亲影响，郭一骐也从小立志要用科举入仕来为国家、为人民做事。尽管父亲外出任职、母亲早逝，家中大小事都由他来操持，但他还是尽可能抽出时间坚持读书，不断参加考试。崇祯十一年（1638），郭一骐如愿进入仕途，被授为广东饶平县训导，不久又调任西宁县教谕。明崇祯十六年（1643），65岁的郭一骐任广西南宁府同知（正五品）。其时，明朝江山内外交困，民不聊生。他不顾自己年老体弱，尽量收拾残局，想稳定混乱局面，经常忙得不可开交，昼夜不眠，几个月下来，稍有成效。郭一骐一生勤劳谨慎，为官清廉，为人老实善良，深受当地百姓爱戴。

荷坪郭氏族规：“务专业，完钱粮；禁赌博，戒争讼；戒酗酒，尚教论；戒恃势，戒窃盗。”家训族规既是约束行为的戒尺，更是传承家风的密码。郭氏先辈勤勉敬业、恪尽职守的入仕精神，在代际传递中不断被赋予新的时代内涵。

家训

禁赌博，戒争讼；戒酗酒，尚教论；戒恃势，戒窃盗。

——翁源荷坪郭氏族谱

廉箴

盖不私其身，处天下以至公也。

——东晋·郭璞

唐

务学唯习
和行表善

郡望：晋昌郡、北海郡、晋阳郡、鲁国郡

堂号：晋阳堂、晋昌堂、北海堂、桐封堂、禅让堂、圣仁堂

廉洁人物：唐廷枢、唐绍仪

唐姓是中国起源最早的姓氏之一，其始祖是唐尧。据《元和姓纂》记载，尧之后嗣受封于唐地（今山西临汾平阳），建都定陶，史称陶唐氏，形成以国为姓的唐氏主脉。另一支为周室分封支系，周成王灭古唐国后，将二胞弟叔虞封于唐地（今山西翼城），其子孙以封国为氏，史称姬姓唐氏。两支共享唐尧为精神始祖。魏晋南北朝时，为避战火，唐氏族人加入南迁队伍来到南雄珠玑巷。南宋宁宗开禧元年（1205），宋朝宰相唐介的十三世孙唐居俊率家人由南雄珠玑巷南迁到香山县（1925年易名中山县）唐家村（今珠海唐家湾），在此落地生根。

唐姓是珠海市唐家湾地区最具代表性的宗族。近代以来，以唐氏家族为代表的香山人在近代经济、教育等方面作出了突出贡献，其中的代表人物唐廷枢，在晚清积贫积弱之际，以一己之力撬动了中国工业现代化的齿轮。1873年，唐廷枢因感慨洋船“待华人不如羊”，誓以实业雪耻，辞去待遇丰厚的怡和洋行买办职位，投身上海轮船招商局，一心要与洋人争利。3年内将招商局资本从不足20万两扩至68.5万两，并购美商旗昌轮船公司，打破外商垄断航运霸权，更首创仁和保险，保护民族商船，3年内截留外商暴利逾1300万两白银。1878年，他抵押家产，在开平开办中国首个机械化煤矿，年产煤40万吨以驱逐洋煤。其间，他常收到各省份官方购煤的订单，有些订单里总会附带条件，要求按成本之若干百分比给买家送回佣，但他断然拒绝任何这方面的安排。在经营的过程中，招商局遭清朝大臣盛宣怀排挤夺权，铁矿遭清政府封禁，尽管如此，唐廷枢仍然忍辱负重，继续开拓洋务事业，以“毁家成事”的决绝践行实业报国。

后辈子孙深受爱国爱家的家风影响。中华民国首任内阁总理唐绍仪，乃清末民初著名政治活动家、外交家。1874年，年仅12岁的唐绍仪赴美留学，成为近代中国最早的留学生之一。民国时期，出任第一任内阁总理。1929年，唐绍仪回到故乡，就任中山县训政实施委员会主席，3年后竞选成为中山县县长。在任期间，唐绍仪注重为政清廉，革除官吏衙门陋习，大力推进工农业发展，进行基础设施建设，重视教育发展，有“布衣县长”之称。“先当总理，再做县长”，这种不计较官位大小的作风，得到群众赞誉。

唐氏家训包括了“肃内外、崇节俭……”等十一条规定，激励着每一位唐氏后人自强不息，开拓进取，为国家与家族的繁荣与昌盛贡献自己的力量。

家训

人臣奉职，惟以公正自守，毁誉在所不计。盖毁誉皆出于私心也，我不肯徇人之私，则宁受人毁，不可受人誉矣。

——中山唐氏家训

廉箴

古之所谓廉者，必始于不见可欲。不见可欲，故其奉于身者薄；奉于身者薄，故其资于物者轻。虽其一无所慕与无所惧，而未尝不廉。

——明·唐顺之

涂

厚德载物 勤勉持家

郡望：豫章郡、南昌郡、宜黄郡

堂号：豫章堂、南昌堂、宜黄堂

廉洁人物：涂锡鹏

涂姓的起源主要有两种说法。一是认为涂姓出自夏禹之妻涂山氏，后族人省去“山”字，简化为涂氏。二是认为涂姓源于涂水流域，以水为姓。广东涂氏多源自中原地区。据记载，广东涂姓的始祖之一为十八郎公，他于元顺帝至正二十七年（1367）与弟四十八郎公为避战乱，从福建长汀丹溪涂坊迁至广东海阳县青溪村。其后裔又沿韩江、东江、北江等地向西南方向推进，进入粤东、粤北等地，并有部分族人迁至海外。

广东涂氏家祠门联常有“裔源禹域家声远，姓肇涂山世泽长”“梅岭善居承祖德，园中小筑启新猷”“善承先志，裕启后昆”，体现了涂氏对先祖贤良风范的传承。涂锡鹏便是传承先辈遗风、廉洁奉公、无私奉献的典范。他出生于韶关翁源县六里镇华东村的一个农民家庭，在上学期间目睹祖国受外敌入侵蹂躏、民生凋敝的惨状，立志要投身革命，以挽救国家民族危亡。在翁源解放斗争中，他积极发动广大群众，发展农民团、民兵、妇女会等群众组织，反对国民党的“三征”（征兵、征税、征粮），镇压了一大批反动头子，缴获了大量粮食和其他物资。对于缴获之物，涂锡鹏全部按规定处理，悉数归公，绝不私拿丁点。中华人民共和国成立后，涂锡鹏任南雄县委书记。其间，他深入农村，亲自撰写调查报告和各类经验总结，拒绝一切不正之风，推动各项工作有序开展。由于过分操劳，涂锡鹏的身体日渐衰弱，愈发多病。但他从不搞特殊化，始终坚持艰苦朴素的生活作风，即使在住院期间，仍婉拒组织上给予他的特殊照顾。

涂锡鹏始终严于律己，绝不将公权力作为谋取私利的工具，对待自己的家人更是严格要求，坚持让他们通过自身努力克服困难。他的女儿涂红华在广东工学院（现广东工业大学）工作期间，正值学院住房资源紧张的时期，即便女儿早已成家但亦未能分配到住房。当时若涂锡鹏利用职务之便批拨部分水泥资源以解决广东工学院之需，本可解决女儿的住房问题，但他坚决不同意。而当广东省委党校申请水泥用于学生宿舍建设时，他立即予以批准。涂锡鹏这种“为官不谋私利，一心为民谋福”的言传身教，给子女留下了坦荡无私、清廉简朴的良好家风。

涂氏家训家规：“孝父母，友兄弟，敬伯叔，和夫妇，慎交友，训子弟，睦宗亲……”从尊老爱幼、友爱兄弟到清正廉洁，一共列出了10条规定。涂氏家族一直将这些家训视为家族传承的根基，强调简朴清正。无论是在古代的科举仕途，还是在现代的各行各业，涂氏族人都以家训为指引，秉持公正廉洁、勤勉敬业的品质，为社会作出贡献。

家训

尚节俭，惜财用。明礼让，厚风俗。

——涂氏家训格言

廉箴

权力是党和人民给的，应为党为人民服务，按党的政策原则办事。

——涂锡鹏

容

跨海求知
教育传家

郡望：敦煌郡

堂号：敦煌堂、律历堂

廉洁人物：容闳、容庚、容肇祖

容氏的起源可追溯至上古时期五大主脉：一是源自舜帝之子仲容，仲容是“八恺”贤者之一，他的后代以先祖名为氏；二是源自黄帝史臣容成，创历法，修术道，道家尊为真人，其族裔或承古容国之名；三是源自周朝礼乐官制，以“容”为职官名衍生姓氏；四是源自春秋孔子弟子南容（南宫适），后裔取“容”字为氏；五是源自古代容国，遗民以国为姓。广东容氏肇始于五代十国后晋天福五年（940），始祖沙公自福建赴任雄州浈昌县（今韶关南雄）县令，卸任后因慕珠江三角洲富庶，举族迁居新会潮居都容村（今小冈镇），成为两广容氏开基祖。明清时期，容氏以珠三角为辐射中心，向粤东、粤西及沿海地区四方迁徙。

珠海南屏容氏二十五世孙容闳1846年赴美国留学，是近代中国留学第一人。留学期间，容闳形成了“以西方之学术，灌输于中国，使中国日趋于文明富强之境”的伟大信念和“予之教育计划，愿遣多数青年子弟游学美国”

的教育梦想。回国后的一段时间，容闳曾在上海海关任职通事翻译，不久后他发现中国船上的商人竟与海关的通事合谋中饱私囊且贿赂成风，容闳不愿意与其同流合污，毅然向海关总税务司辞职。而后，容闳在清政府、太平军等多个势力团体之间奔走推行他的教育计划，寻求资助帮助中国青年赴美留学，终于在1870年得到曾国藩支持，开始“幼童留美”计划。这些留洋学子中，包括日后主持设计和修建了京张铁路的詹天佑、开滦煤矿的工程师吴仰曾、北洋大学校长蔡绍基等著名人物，对近代中国科技外交人文现代化进程起到了重要的推动作用。

而在东莞旨亭街的容氏，因其“不求做官，但望自立”的家训，家族历代虽然都以科甲起家，但始终独立官场之外，将心力倾注于公益文教领域，被称为“不出仕的莞城望族”。容氏世代人才辈出，至容庚一代，兄妹七人，有四人为学术泰斗，容庚为金石界泰斗，容肇祖为民俗学和目录学的先驱。容家素来将子弟教养奉为立家之本，容庚的母亲邓琼宴在家族迭遭变故之际，依然恪守家训，为了让子女接受最好的教育，四次搬迁；又在容庚遭受丧弟打击而沉沦时痛责规诫，令其幡然醒悟。时至今日，东莞容氏后人仍恪守祖训，他们或深耕学术，或专精技艺，以淡泊之心续写百年书香的家族华章。

容氏家训以“读书明理知廉耻”为要，后世子孙始终坚持“读书明理，修身立德”的祖训家风，认为接受教育是一个人修身报国的大事，再穷苦也不忘子女教育，世代书香传承，在多个领域都取得建树。

家训

不求做官，但望自立。

——东莞容氏家训

廉箴

予之操行差堪自信者，唯廉洁二字。无论何往，必保全名誉，永远不使玷污。

——容闳

黄

江夏流芳
世代相传

郡望：江夏郡、会稽郡、零陵郡、江陵郡

堂号：江夏堂、宽和堂、叙伦堂

廉洁人物：黄正

黄氏是多源流姓氏，认可度较高的有两种：一是源自远古官名“黄龙师”；二是黄帝后裔惠连封于黄国（今河南潢川）得姓。另据《史记》记载，黄氏为嬴姓十四氏之一，是远古时期伯益的后裔，伯益长子大廉为黄夷首领，在夏朝建立古黄国，以国为氏。战国时期开始，黄姓迁播湖北，形成江夏、江陵等郡望，以此为基地向南发展。

黄氏为韶关大姓，约于唐宋时期迁入，在各县（市、区）都有分布，廉洁从政代表人物为武江区的黄正。黄正（985—1059），字仲通，宋韶州曲江人。宋仁宗年间，黄正受天章阁待制王沿推荐担任卫州推官，他将水利工程治理得井井有条，得到宰相王旦和杜衍的赏识和举荐。黄正先后担任秘书丞、南仪州知州，每到一任都亲力亲为，甚至病倒在任上。皇祐四年（1052），广源州壮族首领侬智高举兵反宋，挥兵广东，惠州一带盗贼趁势蜂起扰民。时任惠州知州的黄正组织军民修筑工事，抵抗盗贼，使盗贼不敢进犯，老百姓安然无恙。黄正在任期间为官清正廉明，除俸禄之外，无其他额外收入。他还常常接济一些贫困亲友，甚至会因为其俸薪微薄、不能满足贫穷亲友所需而感到自责。因年事已高告老还乡后，他更是节衣缩食，资助乡人，临终之前，将家财散尽以济贫困。《粤大记》对黄正重情疏财的作风、勤政为民的政风也有详细记载：“正少勤学，家贫无书，手写五经注疏及文赋数万篇，不急进取，每叹禄不逮亲，所得之俸，常匀给其兄弟及亲戚之贫者，乡闾无不服其友悌。当官以干称，治狱以恕闻。其所荐举，皆当世名今巨人。而所享名位，不尽其才。寿终之日，家无余资，第以清苦自立。”

黄正清廉为官的家风也得到了很好传承，以“风采”闻名的北宋名臣余靖，就是他的外甥。宋嘉祐四年（1059），黄正病逝于故乡曲江家中，享年七十四岁。黄正去世后，余靖为他撰写碑铭，其中“禄不私己”“没无余积”“始终一节，古之君子”是余靖对黄正为人的高度评价。此外，据史料记载，黄正的儿子佺期、安期也入仕为官，侄子宾臣曾任潮阳知县。

黄氏家训以“崇孝悌，睦宗族，和乡邻，明礼让，务本业，端士品”十八字箴言传世，字字珠玑，蕴含着深厚的处世智慧。由家及国，由内而外，构筑起黄氏族人修身齐家的道德准则，数百年来薪火相传，滋养着一代代黄氏子孙在为人处世、建功立业中恪守本分，清廉自守。

家训

崇孝悌，睦宗族，和乡邻，明礼让，务本业，端士品。

——江夏堂黄氏族谱

廉箴

韶山湘水，南国之纪。生是俊明，具兹粹美。学必根道，禄不私己。干闻朝廷，悌称乡里。籍未引年，志先知止。没无余积，清白而已。始终一节，古之君子。佳城何在，郑林之址。九原何从，文献斯尔。身虽可殒，名不泯矣。

——宋·余靖《屯田郎中黄府君碑铭并序》

萧

德馨传世
清正廉明

郡望：兰陵郡、河南郡、广陵郡

堂号：兰陵堂、河南堂、广陵堂、定汉堂

廉洁人物：萧振谋、萧维翰

萧姓最早可追溯到夏商时期，出自嬴姓部族首领大业，这是尧舜时期掌管刑法和司法的执正官。其后人因擅长驯养鸟兽技术而深受夏王启宠爱，赐封为诸侯，封地于萧，便以萧为姓，后代沿袭姓萧。韶关萧（肖）氏望出两支，一为兰陵堂，一为河南堂。宋末，为避战乱，萧氏后裔南迁至江西、福建。元延祐二年（1315），萧宗治迁吉水，生六子，分迁始兴、翁源等地。

“收图兴汉，辅政匡君”“凤箫引侣，虎穴卫亲”“三瑞御史，八叶相公”“文著六朝，相传八叶”……萧姓宗祠的楹联，句句不忘先人爱国忠国的功绩，字字不遗先贤圣德，因而形成了清正忠信的家风。始兴萧氏的萧振谋和萧维翰便将这种家风行诸为官从政之中。明代南雄府始兴县人萧振谋，为人庄重严肃，学识渊博深厚，由贡生授以福建省诏安县学博。在担任诏安学博期间，萧振谋采用教化、简约且易于遵从的模式，在诗书、文艺作品中注入道德、忠信的理念来勉励学子，因而得到众多士子的拥戴。明嘉靖三十五年（1556）三月，诏安知县一职空缺，福建巡宪认为萧振谋堪当大任，遂下达文书让他代理诏安知县之职。起先他多次极力推辞，未能获准，无奈之下萧振谋只好本着既来之则安之的心态接受任命。尽管是代理知县，萧振谋却不敢掉以轻心。此前，诏安因官员故意拖延、阻碍或设置障碍而导致政令不通、执行不力、效能低下，百姓无不叫苦。面对前任知县留下的烂摊子，他秉持虔诚之心，悉心处理政务，当地百姓因此无不对他肃然起敬。升任承天府通判后，萧振谋仍任劳任怨，兢兢业业。他为官一任，造福一方的优良作风成为儿子萧维翰学习效仿的榜样。

萧维翰行事清正审慎，廉洁自律，惩恶扬善，爱护百姓。明隆庆四年（1570），他被恩选，担任城步县知县。任职后期，在土地清丈一事中，萧维翰坚守底线，不愿弄虚作假损害百姓利益而忤逆了朝廷派来的代巡官员，被改任为掌管学校课试等事务的东昌府教授。城步的百姓听到萧维翰即将调离的消息后，为失去这样一个好的父母官深感心痛。萧维翰却淡然一笑，只是遗憾还没来得及彻底铲除城步县的奸恶势力。城步有位叫唐卿的乡中长者，夸赞他“像仰山公这样铲除奸恶、扶植良善，让困苦之人振作起来的，实在不多见”。

通读萧氏家训，其中不乏“振兴家庭、妯娌相亲、勤劳俭朴、平等待人、遵纪守法、为国利民”等箴言，其最核心的思想在于教育子孙后代对内孝顺和睦，对外勤劳守法，廉洁清正，遵守家规为家族争光。萧氏后裔故以德馨为荣，以不和睦为耻，德业长兴，代有清声。

家训

见不义之财勿取，见合意之事则从。诗书不可不学，礼义不可不知。

——萧氏家训

廉箴

勤学行，守基业，治闺庭，尚闲素，如此足无忧患。

——南朝·萧嶷

梅

父子进士 理学名臣

郡望：汝南郡、宣城郡、北海郡

堂号：汉中堂、汝南堂、宣城堂

廉洁人物：梅鼎臣、梅佐

梅姓起源主要有三：一是商汤后裔梅伯，后人以祖先封地为姓；二是少数民族改姓；三为清满族八旗姓梅佳氏者，改为梅姓。早期主要活动于河南汝南，秦汉后向中原及江南扩散。隋唐时期南迁，宋元时在安徽宣城最为兴盛。韶关梅姓相传为汉台侯梅鋗后裔，主要分布于南雄、翁源等地。

翁源梅姓人口并不多，但在历史上流传着梅氏“父子双进士”之美谈。梅鼎臣（987—1070），字公度，翁源县人。少时即有学识，却屡试未第。梅鼎臣曾做过北宋名臣余靖的老师，与王式、黄正交流颇多。天圣二年（1024），梅鼎臣与王式、余靖、黄正等四人同时登进士科，一时传为韶州美谈。梅鼎臣进士及第后累官至殿中丞，迁翰林院侍读学士。在殿中省任职期间，梅鼎臣善于提出合理建议，又被调为御史台。梅鼎臣任职御史台期间，秉公直言，不怕得罪官员。哪怕是皇亲国戚，只要做了有违律法、于国有害、于民不利的事，他都敢于上奏直疏，敢于弹劾贪官污吏，甚至不惜触怒天颜，也要向皇帝直谏。他认为没有直言规劝的臣民，则不能真正拥戴皇帝、理正朝纲；不坚持正直的言论，则不是好部属。他大力提倡修正不良的举止，刹治堕落现象。梅鼎臣为官期间，因清政廉明、爱民如子而深得百姓爱戴。

梅鼎臣的高尚品格与为官之道不仅在当时备受推崇，更对子孙后代产生了深远影响。梅鼎臣之子梅佐继承其父的高风亮节，于宋天圣五年（1027）考取进士，“父子双进士”传为佳话，为世人钦羡。梅佐出任藤州知府时，藤州辖苍梧戎、杂揉等南越族诸域。前任官吏大都徇私舞弊，贪赃枉法，以致民怨沸腾。梅佐到任后，清政廉明，以宽厚仁义对待少数民族人民。他首先招抚那些与官府作对且较为凶悍的民族，使其诚服。其后，则以自身的模范行动取信于民。常出入于崎岖的山道，体察民情，当地人民深受感动。

在翁源县新江镇上坝附近的山腰岩洞下有一处居室，名曰“梅村公馆”，馆门挂有“天地同流”的横匾。这里曾是梅鼎臣、梅佐父子潜心治学之地，二人不仅在此发奋攻读，更携手钻研儒学经典。他们合著的《大学》《中庸》讲义中，精辟地阐述了“格物致知”的道理，同时对“八目”逐一进行了详细讲解和分析。这部著作为后世学者研习《大学》《中庸》提供了重要参考，极大便利了儒学研究，因而二人被世人尊称为“理学名臣”。

家训

千经万典，孝义为先。廉恭待人，忠孝传家。君子修其道，不为穷困而改节。君子固穷，小人穷斯滥矣。君子礼义教子弟，小人凶恶训儿郎。金钱与爵位都不能延绵子孙，唯有学识。万般皆下品，惟有读书高。

——梅氏家训

廉箴

力遵仁义途，曷畏万里程。

——宋·梅尧臣

曹

以德立身
以文传家

郡望：谯郡、彭城郡、清河郡、东海郡

堂号：谯国堂、彭城堂、嘉祥堂、白虎堂

廉洁人物：曹愱

曹姓源自姬姓。周武王将他的弟弟振铎封在曹（今山东定陶一带），建立曹国，振铎为曹氏始祖，史称曹叔振铎。于是，曹国的后人便世代以国名为姓。南雄曹氏源自曹彬。南雄曹氏最早自编的《曹氏重修族谱》记载："祖先起源于曹彬的第二十六代孙，为躲避战乱迁居南京，后世代居住在北京真定府。到了宋朝末年，公达祖因参加乡科举考试考中，后来被选拔任用为信丰县知县。"明嘉靖年间，曹彬后裔从江西信丰县百石无阳山搬迁至南雄府保昌县兰田村开基。

曹氏家族作为中国历史上源远流长的名门望族，其家风家训历经千年积淀，形成了独特的精神内核。北宋时期，曹彬为官廉洁自律的事迹成为当时的典范，相传其临终前将家族子弟召至榻前，以"文官不贪财，武官不避死"相嘱。南雄曹氏奉曹彬为先祖，所以在家风传承上也秉承曹彬遗风，在教育族人时注重知行合一。曹愱自小就接受这样"以德立身，以文传家"的家风教育，为他日后成为才学渊博、品德高尚的优秀人才奠定了坚实的基础。

曹槟，字万为，别号柱峰，清朝雍正、乾隆年间南雄府保昌县人。年少时就很聪慧，努力学习经史以及诸子百家的学问。雍正元年（1723）参加乡试，因为小人进谗言，只考中了副榜。主试官感叹他才能出众，在返乡经过南雄的时候，特意赠诗恳切劝勉他。曹槟对功名利禄看得很淡，乾隆元年（1736），吏部侍郎杨超举荐他参加博学鸿词科考试，曹槟以自己“不是擅长编纂创作的人才”为由，极力推辞了杨超的推荐。不久之后，曹槟受聘在肇庆端溪书院担任掌教，精心钻研经学。乾隆十五年（1750），被选拔授予四会教谕一职，他以忠诚、专心执教作为自己的行为准则。回到南雄不再执教后，他的学识和修养更加精深纯粹。平民百姓都尊称他为“曹老先生”，在路上相遇时，会站在路旁，让曹先生先走；豪门仕宦家族也对他既敬重又敬畏。

曹槟热心于地方的教育教化，曾多次主持南雄凌江的讲席，他为人师表、端庄严谨，一时间培养出不少人才，陕西道监察御史胡定、宁波知府戴家驹都是他的学生。曹槟还著有《四书详说》《十三经解》，编辑了《王新城集》十卷，订正过《古诗解》《历代诗选随笔》《柱峰制艺》《天镜阁集》等，可惜这些著作如今都已失传。

家训

读书继世，礼仪待人。道德尊贵，文章立身。达济天下，穷善其身。幼须勤学，莫负光阴。萤窗铁砚，才从古得。书读万卷，笔方有神。蟾宫折桂，博士加身。衣锦还乡，蓬荜生辉。辈出精英，报国为民。仕则清廉，民则贤德。举止文雅，乐道安贫。温良恭俭，礼义诚信。处世随和，交友谨慎。

——曹氏家训

廉箴

文官不贪财，武官不避死。

——北宋·曹彬

龚

崇文重孝
情注杏坛

郡望：武陵郡、六桂郡

堂号：武陵堂、六桂堂

廉洁人物：龚敬德、龚鸿材

龚氏本姓姬，周文王第十四子错叔绣之后，商孙际元封于滕地龚邱，因以龚为姓，望出武陵，取武陵为堂号。西汉末年，传至龚仓，为避王莽之乱，龚姓迁至福建上杭。南宋建炎、绍兴年间，传至龚夔，举士历官礼部员外郎，因奔丧，途经南雄州，无力归家，于淳熙七年（1180）卜居南雄城居仁街，这是最早迁入粤北的龚氏支脉。自明洪武年间始，至嘉靖末，先后有武陵堂数支龚氏再迁南雄、始兴等地开基。

龚贵自搬迁到乐昌定居后，便牢记龚氏先祖遗训，重视家风家教。在一代又一代龚氏子弟的传承下，乐昌龚氏一脉成为重孝道、兴学风、端品行、施善举的一大家族，龚敬德便是在这样良好的家风熏陶下培养起来的佼佼者。清咸丰初年，龚敬德由增生被举荐为孝廉方正。龚敬德虽然学富五车，但他并不想在仕途上谋求发展，而是囿居乡里，潜心讲学。经他指点培养的许多学子中了秀才，并在科举之路上越走越远。龚敬德不仅把毕生精力投入于教学，对当地有关教育、文化的公益事业也非常热心。乐昌学宫因年久失修，坍塌已久，道光二十八年（1848），龚敬德倡议修复，自己率先慷慨解囊，将日常办学中获得的大部分收益捐献出来，作为修葺学宫的启动资金。在他的带领下，县里士绅纷纷响应，踊跃捐款。与此同时，大家共同推举龚敬德主理此事。感念众人的信任，龚敬德不敢有丝毫的懈怠，面对募捐上来的丰厚钱财，也未生出丝毫的贪念，而是精打细算把每一文钱都要用在刀刃上。在龚敬德的管理之下，学宫修复工程没有丝毫浪费，不到一年工程便竣工并投入使用。在迁移书院、建造考棚以及编修府志、县志等诸如此类的事务中，龚敬德也是积极参与，并尽己所能给予资金上的支持。

龚敬德的奉献精神成为乐昌龚氏族人奋发向上的榜样力量。据民国时期《乐昌县志》记载，龚鸿材，字达甫，清朝增贡生，乐昌长来人。他幼年丧父，侍奉母亲孝顺，对待兄长恭敬。因家境贫寒，以教书授徒赡养亲人，教学得法，门生中有许多人进入学校读书。他自身节俭，家境逐渐宽裕后，购置了数百亩田地，其中一百多亩用作祖先的祭田。他喜好慈善事业，曾管理育婴堂，爱护婴孩如同自己的子女。他主持建造了五汪石桥和溪斗洞凉亭，捐献资金时毫无吝惜之色。晚年又与乡人筹划建立了两所学校，为乐昌的公益事业作出了很大贡献。

家训

孝悌立本，诗书明理。蒙养务正，德教为先。廉慎端方，惠泽乡梓。重义轻利，敦行致远。

——民国时期《乐昌县志·龚氏家约》

廉箴

不能胜寸心，安能胜苍穹。

——清·龚自珍

梁

勤耕苦读
忠孝仁义

郡望：扶风郡、河南郡、天水郡、安定郡、下邳郡、西河郡

堂号：安定堂、仪国堂、梅镜堂、保善堂、养志堂

廉洁人物：梁国树、梁启超

梁姓是一个多源流姓氏。一是源于嬴姓，始祖为伯益后裔非子，其曾孙秦仲之子因封于夏阳梁山（今陕西韩城），建梁国，后世以国为氏。二是源于姬姓，周平王之子姬唐受封南梁（今河南汝州），后代以邑为姓。另有支系以邑为氏，晋国有解梁城（今山西临猗），居其地者皆以邑为氏。广东梁氏入粤历史始于北宋，中原移民经赣南走廊迁居南雄拓荒。始兴梁氏南宋时为避战乱从山东迁居南雄，后分迁始兴、翁源及肇庆等地，另有显赫支系梁绍公世系，宋代时始祖梁绍入粤为官，后裔遍布粤东各地。

梁氏家族以“愚则耕兮，贤则读良”的祖训为精神圭臬，将“勤耕苦读”的生存智慧与“忠孝仁义”的伦理追求熔铸成独特的家族品格。明末韶州府训导、始兴梁氏梁国树一生恪守祖训，以耕读传家精神践行祖训要义。他幼时苦读不辍，崇祯五年（1632）通过府学选拔成为贡生。任韶州府训导期间，对韶州的教育事业倾注了大量心血。当他发现学宫围墙年久失修，当即捐出俸禄，带动当地士绅捐款修缮。日常执教时待人温和恭谦，对学子耐心施教，为韶州教书育人、培养人才作出积极的贡献。

而中国近代名人新会梁氏梁启超，则以家书为纽带，将传统家训转化为现代教育理念，培育出“一门三院士，九子皆才俊”的传奇。他因性施教，强调“学问价值不在事功，而在文化传承”，支持长子梁思成摆脱“专业实用性”，投身建筑史研究；尊重女儿梁思庄放弃生物选择图书馆学。强调做学问不以功利为目的，“莫问收获，但问耕耘”，专注过程而非结果。梁启超虽家境优渥，却坚持“寒门”教育，时常教育孩子们要学会吃苦、懂得吃苦，并保持勤劳俭朴的生活作风。他在家书中警示“忧患磨练心志，安逸消解斗志”，教导他们“处逆境当如青松挺立”。这种精神培育使梁家子女在战乱流离中仍坚守学术，如梁思礼在西南联大嚼盐水煮蚕豆苦读，终成航天专家。梁启超重视爱国教育，在书信中常常要求子女有报效祖国的责任：“毕业后回来替祖国服务，是人人共有的道德责任”“国家生命民族生命总是永久的，比个人长的”。九名子女中有七人留学海外，皆归国效力。

梁氏家训以“愚耕贤读”为纲，浓缩耕读持家、勤勉立身的治家智慧，涵盖修身齐家、处世立业之要义。虽随时代演变而微调形式，但“仁义礼智信”的核心精神始终如一。这份植根农耕文明的精神遗产，始终潜移默化中影响着一代代梁氏后人，成为梁氏家族的精神财富。

家训

敦孝友、敬师长、睦宗族、和乡邻、勤耕读、戒酗酒、戒淫邪、戒贪财、戒凶恶、戒奢侈。

——始兴梁氏家训

廉箴

天下事业无所谓大小，只要在自己的责任内，尽自己力量做去，便是第一等人物。

——梁启超《致梁思顺》

彭

清廉将军 英魂不朽

郡望：陇西郡

堂号：陇西堂、世德堂、显庆堂

廉洁人物：彭显伦、彭显模

彭姓源自黄帝七世孙篯铿（彭祖），因封于彭地（今徐州）得姓。秦末战乱时彭姓西迁陇西，后辗转河南、江南。唐末时，彭轩六世孙彭嗣元迁居分宜县。宋神宗时，嗣元九世孙彭延年因被任命为潮州刺史，遂定居于广东揭阳浦口村，是为彭姓广东始祖。唐宋时期广泛分布于南方，其中一支经珠玑巷南迁广州，后返迁南雄并散居各地。

南雄彭氏，出了一位响当当的将军，那便是彭显伦。彭显伦（1895—1958），南雄市油山镇上朔村人。彭显伦在革命队伍里主要负责后勤保障工作。他虽然一生与钱物打交道，但生活一直非常俭朴。1937年冬，彭显伦领到了一件棉衣，一直穿到了1944年，棉衣上光补丁就打了21个，已经见不到一块完整的布。就这样，他还舍不得换下来。1950年春，身为山东军区后勤部政治委员的彭显伦轻装简从，回到了阔别二十年的家乡。有的人以为他当上了大官，管钱管物，一定是回来光宗耀祖的，所以要他拿钱给家乡和自己家。彭显伦听后，语重心长地解释和开导他们：“我手头上是有钱的，有很多钱，用铁箱子装好锁起来。但是这些钱不是我的，是公家的，一个铜板都不能乱用。”革命胜利后，彭显伦在革命途中患上的肺病愈加严重，组织安排他到疗养院休养。有一次，彭显伦招呼警卫员、炊事员等工作人员摘樱桃，彭显伦的几个儿女看到了，便想要从篮子里拿樱桃吃，彭显伦大声喝止了他们，告诫儿女们说公家的东西要归公家，绝不能占公家的便宜。彭显伦参加革命30多年，忠于党，忠于人民，忠于革命事业，严于律己，清正廉洁，勤俭节约，永葆本色。成为这样廉洁奉公的优秀革命干部，与南雄彭氏的良好家风和身边的英雄人物是分不开的。

彭显伦家所在的上朔村，在民主革命时期，还有一位著名的革命人物——彭显模。彭显模是彭显伦的入党介绍人，也是彭显伦参加革命的引路人。彭显模早年到广州农民运动讲习所学习，1925年8月回到家乡上朔村后，即向当地农民宣传革命道理，发动群众组织农会。农会成立后，组织当地农民兴修水利、发展冬种、建义仓、办学校，维持地方治安，一系列活动使当地农民在政治、经济上都得到实惠，也推动了南雄县各区、乡农民运动的发展。

上朔村这片红色沃土不仅孕育了彭显伦这样的廉洁典范，更走出了彭显模这样的革命引路人。两位彭氏先辈用生命诠释了“忠党爱民、清正廉洁”的家训真谛，形成了革命者特有的精神谱系。这种以崇高信仰为纽带的家风传承，在新时代依然焕发着强大生命力，告诉后人：最好的家风教育不是空洞说教，而是以身作则的榜样力量。

家训

银钱田地不须多，但看儿孙志若何。若是所生不孝子，万千产业也消磨。日见人情事事奢，应将简朴戒繁华。百凡用度都能节，积日累年可起家。

——南雄彭氏家训

廉箴

不要钱，不要官，不要命。

——清·彭玉麟

董

勤政为民 冰洁清操

郡望：陇西郡、弘农郡、范阳郡

堂号：陇西堂、直笔堂、三策堂、豢龙堂

廉洁人物：董步闻、董子晋

董姓的由来，源头最早可以追溯到高阳氏颛顼帝。据说颛顼帝的后裔陆终有六子，后分别发展为六个大部落。陆终的第二子惠连，亦名参胡，董姓。韶关董姓支出西汉江都国相董仲舒脉，堂号为“三策堂”。南雄松溪《董氏族谱》载：北宋元符三年（1100），仲舒公二十七世裔孙董玮受荐南雄州参军，举家随任，在南雄城东门孝悌街立基。自此，后裔子孙繁衍，向粤北始兴、翁源、仁化、曲江等地散播。

南雄董氏谨遵“立身须修德，修德首行仁。待人要仁爱，怀有慈善心”的祖训，家族源远流长，历朝历代都有出类拔萃的人才涌现，董子晋和董步闻父子便是其中知名的清廉代表。

清康熙四十六年（1707），董步闻被选授为直隶庆都县令。庆都土地贫瘠，粮食产量极低，百姓大多缺衣少粮，家境贫寒，加之赋税徭役繁杂扰民，灾民遍野，百姓食不果腹，只能吃野草、树根和树皮度日，生活难以为继。董步闻通过深入考察发现这些情况后，便大力革除积弊，发放官仓粮食并鼓励百姓耕种，连续三年免征赋税，刑罚清明，政务精简，官府传票都不进入乡村，让百姓休养生息。在董步闻一系列惠民利民政策治理下，庆都百姓逐步摆脱贫困，走上丰衣足食之路。与此同时，董步闻意识到庆都县如此贫穷落后，与当地民众受教育的比例低下有关。因此，董步闻率先捐出俸禄创办义学，教导培养才俊之士，又购置五十亩田地，将其收益作为义学的修缮及日常开销费用。

董步闻能成为一位清正廉洁、名垂青史的好官，追根究源，与父亲董子晋的熏陶和深厚的家学传承是分不开的。董子晋，字康侯，清代南雄府城仁和街人。他忠诚守信，真诚重情义，颇有古代君子的风范。擅长写文章，康熙二年（1663）在本省乡试中举。他生性淡泊，不追求荣耀和利益，被推选授官却不赴任。董子晋虽未入仕，但对当地的公益事业非常热心。据史料记载，保昌凌陂的古圳是用于灌溉的水利设施，因日久未修而堵塞。康熙三十年（1691），董子晋带领众人重新修复，并捐赠设置义租二百九十石，作为以后每年修补的资金，而凌陂古圳从此成为乡里人不可或缺的一处水利设施。后来因为儿子董步闻显贵，被追赠为文林郎。

“耕读传家，诗礼继世。守拙全真，克己复礼。”董氏父子用两代人的实践诠释了优良家风不在于显赫门第，而在于心系民生；不在于严苛教条，而在于身体力行。

家训

耕读传家，诗礼继世。守拙全真，克己复礼。

——董氏蒙训

廉箴

董公遗爱在燕冀，古圳春波绿未央。三载薄徭苏槁骨，一编荒政活饥肠。义田岁稔书声朗，廉石苔深官橐凉。莫道循良终寂寂，甘棠千载护琴堂。

——清·屈大均《过庆都怀董明府》

蒋

德业并重
气节铮铮

郡望：东莱郡、乐安郡

堂号：乐安堂、钟山堂、九侯堂

廉洁人物：蒋勋、蒋光鼐

蒋姓为多源头姓氏，得姓始祖为周公旦第三子伯龄，受封蒋国（今河南淮滨），公元前617年灭于楚，子孙以国为氏。汉代后，江苏宜兴蒋澄支系成为主要发展脉络，后来中国的蒋姓后裔基本由此繁衍。广东蒋氏入粤历史始自宋元时期，浙闽蒋氏经江西入粤北，后裔迁居东莞、深圳、广州等地。

蒋氏堂联很多，其中“三径家声”中，以隐逸精神与高洁品格著称的西汉名臣蒋诩和“为社稷器，具文武才”的三国名臣蒋琬，是蒋氏族人心目中的典范，品行才干暗合蒋氏家训的“四勿”：“勿欺心、勿负主、勿求田、勿问舍”。清朝时期广东南雄府保昌县人蒋勋便是躬行家训的岭南德业代表。他学业精勤，品行端正严谨，早年在南雄府学求学并享受廪膳补贴。在清康熙甲午年（1714）参加乡试时，因名额所限落榜，却未怨天尤人，反以“德业并重”为训设馆授徒，弟子百余名，中举者众，门生梁廷佐等人皆成粤北名儒。雍正年间获举荐，担任增城司铎，将官学从科举工具升华为育人殿堂，著《知心集》阐释教育理念，践行“达则兼济天下，穷则独善其身”的儒家处世哲学。

广东东莞蒋氏蒋光鼐将军的一生，更生动诠释了蒋氏家训之精髓：既扎根传统又勇立潮头，熔铸超越小我的家国大义，彰显敢为人先的担当精神。他少年时便立下报国之志。1906年加入同盟会，投身辛亥革命洪流。追随孙中山期间，他率领的国民革命军第四军在北伐战场上屡立奇功，被誉为“铁军”。1932年，日军制造“一·二八”事变，企图占领上海。蒋光鼐抱病挂帅，拒绝南京政府停止抵抗的命令，在前线亲自指挥，并通电全国，“尺地寸草，不能放弃！”，表达誓死守卫国土、抵御强敌的决心。淞沪会战坚持月余，沉重打击日军嚣张气焰，鼓舞全国人民抗日斗志，彰显铮铮民族气节。蒋光鼐一生坚持抵抗外敌，反对内战，救亡图存。蒋介石发动内战，他拒做“剿共”棋子，宁弃兵权亦不违大义，更在福建事变中高举联共抗日旗帜，毅然北上参与政协，以“将军卸甲参政事”的胆魄，将家国大义置于个人荣辱之上。中华人民共和国成立后，他主政纺织工业，推动产业振兴，将铁血军魂化为建设热忱。即便身处高位，仍恪守廉洁本色，与中国共产党肝胆相照，树立多党合作典范。

蒋氏家族的家规家训传承了祖辈的智慧和道德准则，通过具体可操作的生活规范，构建起涵盖个人修行、家族治理、社会交往、为官之道的完整价值体系，教导子孙忠诚、尽责、守信。这些家规代代相传，至今仍然对家族成员有重要指导意义。

家训

不得逼迫穷困人债负，及穷佃户租税，须宽容之，令其陆续完纳，终于贫不能还者，焚其券。人有缓急，挪移取利不得过二分。

——蒋氏家训

廉箴

尺地寸草，不能放弃！

——蒋光鼐

植

忠烈铮骨
德润乡梓

郡望：南海郡、南越郡

堂号：南海堂、南越堂

廉洁人物：植廷晓、植敏槐

植姓是一个多民族、多源流姓氏。一说为越王勾践后裔，周元王时期其支脉受封南越植邑（今广东番禺南部），国人以邑为氏。二是源于西周官职——负责城防建造的“植史”与监军“植令”，后裔以官为氏。植氏早期活跃于江浙地区，晋代因北方士族南迁被迫分徙闽赣皖。唐代植元真自广东南雄珠玑巷迁居三水土塘下村，该村成为岭南植氏祖源地。

佛山三水土塘下村自唐代起建，是两广所有植姓宗族的发源地。村里现存有植氏始祖的陵墓。居中的不是始祖元真公，而是五世祖植廷晓，显示出他在后人心目中无可替代的崇高地位。植廷晓，字朗伯，东莞水南（今东莞石碣）人，自幼习诗书、精武艺，尤通《孙子兵法》。南汉刘晟年间，他投身名将吴怀恩麾下任先锋，率军连克英、韶、贺、柳州等地，为南汉拓疆南海、桂林、象三郡立下赫赫战功，以勇猛善谋闻名岭南。然而目睹后主刘𬬮日益荒淫残暴，他愤然辞官归隐故乡土塘下村，耕田读书，淡泊度日。公元970年，宋太祖赵匡胤命潘美南征，势如破竹攻陷韶州，南汉危在旦夕。刘铱仓促间起用植廷晓为将，统六万残兵驻守马迳（今广州象岗）。面对宋军压境、国祚将倾，植廷晓明知大势已去，却仍披甲出征，更拒赵匡胤封侯劝降。次年正月，宋军兵临马迳，他亲率前锋据水列阵，命郭崇岳断后督战，身先士卒与敌血拼。史载其“身被数十创”，力竭时仍握剑而立，最终壮烈殉国。

这位南汉国都统招讨大将军成为联系两广植氏家族的一座精神丰碑，后世两广植氏族人形成每逢寒食齐聚土塘乡祭扫将军墓的传统。植廷晓爱国报国的事迹被记入家谱，融入“勤耕崇学”“忠勇报国”的家训，激励一代代后人读书、建功、立业，贤才志士层出不穷。如清顺治八年（1651）举人植敏槐，早年以才学入翰林院，后因才名卓著被清廷委任为四川督学。彼时正值明末清初战乱甫定，蜀地历经张献忠之乱，典籍焚毁，文教凋零。植敏槐抵川后，见“礼崩乐坏”之状痛心疾首，遂在白鹤山南筑草堂题匾“鹤山堂”，开馆授徒，以重建蜀中文脉为己任。时蜀中《礼记》注疏多散佚，植敏槐昼夜搜罗残卷，凭记忆补缀考订，历时三载编成《礼记存要》八卷，成清代邛州士子研习《礼记》的工具书。二十余年间，他教授生徒逾百人，其中不乏中举入仕者。至今邛崃白鹤山仍有碑刻铭记其兴学之功。

植氏家规以“孝悌为本、诗书传家、克己守礼、德润乡梓”为纲，训诫族人恪守忠孝之道、修身自律、崇文重教、敦亲睦族。两广植氏尤重“同姓同源，守望相助”，以“鹤山堂”“土塘乡”等祖居地为根脉，通过修缮宗祠、续修族谱、共立碑铭，把祖训精神融入岁时祭扫、楹联家书，至今仍是族人安身立命、心怀家国的精神圭臬。

家训

孝悌为本、诗书传家、克己守礼、德润乡梓。

——三水植氏家训

廉箴

若廷晓者，抑所云铁中之铮铮者与。

——清·吴任臣《十国春秋》

程

忠勇可嘉
清廉为公

郡望：广平郡、河南郡、安定郡

堂号：明道堂、伊川堂、立雪堂、世忠堂、安定堂、广平堂、叙伦堂、宏礼堂、重本堂、四箴堂

廉洁人物：程旼、程璧光

程氏始祖为程伯休父，周宣王时期因军功获封程邑（今河南洛阳或陕西咸阳），后人以邑为姓。另一起源于上古风姓部落，商朝时重黎后裔受封于程地，建程国，子孙以国为氏。程氏入粤始于南北朝，永嘉之乱后中原程氏为避祸南迁，其中程旼家族经赣南沿粤赣古道迁至平远坝头村，成为客家程氏入粤始祖。后扩散至河源、潮汕、惠州、肇庆及海外。另有宋代理学家程颢、程颐后人程昂南迁珠玑巷，又迁粤西、珠三角等地。

程氏堂号之一的“安定堂”为梅州程氏祖屋堂号，传家堂联“乡贤世泽，义化家声”，说的就是始祖程旼在梅州兴学教化的故事。程旼与张九龄、韩愈等并称为“广东古八贤”，东晋末年从中原迁到广东平远时，程旼办免费学堂，让客家地区开始有了读书种田并重的传统。他深谙礼仪道德，以高尚的德行感化众人，乡里人闹矛盾都找他评理，程旼则以公正的判断和睿智的调解，让双方心悦诚服地和解。就这样，程旼改善当地风气，让各族乡亲和睦相处，促进了粤东山区的农耕与文明开化。479年，朝廷专门用他的姓把他的居住地命名为“程乡县”（现在的梅州），这是广东历史上第一个用个人姓氏命名的县城。程旼也被后世尊为“人伦楷模”。

广东程氏虽有多支，但重文教、薄无知，重名节、薄功利，重情义、薄背信等为人处世的价值观在不同程氏家训中都得到体现。民国海军总长香山程氏程璧光，少时考入福州船政学堂上学，毕业后一直在海军中服役。甲午战争爆发后，身为南洋海军舰船管带的程璧光，主动请求留在北洋海军参加甲午海战。在海战中，程璧光英勇战斗，腹部被弹片击中，侥幸得以生还。在刘公岛被围困时，为保全海军人才火种，他忍辱负重，受北洋水师提督丁汝昌之命冒险与日军谈判。辛亥革命爆发后，程璧光遂带领全体官兵响应起义，被选举为革命政府海军总司令。南朗《程氏族谱》记载程璧光生平不慕声华，不争权利，南下广州后，三次拒绝广东督军职位，坚持“军人不干政”原则，“未动支公帑分文”，始终保持清廉作风。他坚持维护共和体制，反对段祺瑞解散国会、破坏《中华民国临时约法》，拒绝北洋政府80万银元收买，公开声明：“必以死护约法。”尽管在广州被暗杀身亡，但他重名节和爱国的精神至今仍为人们所铭记。

程氏家训蕴含的开拓创新、崇文重教、公平正义等精神，塑造了程氏子孙勇于开拓、百折不挠、忠诚爱国、廉洁清正的品格。直到今天，这些品质依然是程家人做人做事的根本，代代传承。

家训

兴家望族，必有其固；兴者在心，练达而典。生不忘恩，学在致用；立以兴家，达善世间。修身慎独，居正行和；人诚事敬，正心为先。

——深圳程氏家训

廉箴

中心如自固，外物岂能迁。

——宋·程颢

傅

尊儒尚学
抑强助弱

郡望：北地郡、清河郡

堂号：兴商堂、清河堂

廉洁人物：傅佐高

傅姓源出殷商名相傅说的后裔，以地名为氏。据《史记·殷本纪》和《通志·氏族略》所载，商高宗武丁于傅岩找到傅说，傅说帮助武丁兴国，修政行德，使天下大治。其后裔以其居地为姓，形成傅姓。先秦时期，傅姓主要活动在今河南北部和山西南部。傅姓在汉朝已是今甘肃、宁夏、四川的大姓，很快向今西南的贵州、云南、广西等地迁移。至西晋时，傅姓已经北上到今河北，南下到江苏，渡长江进入浙江等地。唐朝末期傅氏先祖随中原南下移民潮进入福建。乳源傅氏是在明代从福建迁移至韶州乳源侯公渡的枯塘，之后其后裔再从枯塘迁播至全县各地。

傅氏自从在乳源开基后，秉持着“尊儒尚学，崇俭抑奢”的理念，强化家风家教，提高族人品行修为，并取得很好的成效，族中英才不断涌现，傅佐高便是其中的优秀代表。傅佐高（1862—1924），字汉华，乳源县侯公渡松山头村人，清末秀才。傅佐高青年时代潜心科举，矢志仕途，清光绪十七年（1890）获拔贡。清朝末期，傅佐高亲眼目睹清王朝的腐败，在思想上非常同情、赞颂资产阶级革命党人的反清革命壮举，因此加入了革命党，与他来往密切的有乳源同乡、革命志士陈志美，两人在一起经常畅谈世界大势。1903年，傅佐高、陈志美在香港革命党人支持下，曾在广州密谋过一次起义，但由于事情败露，傅佐高不得不逃往香港。首次起义流产后，傅佐高并未气馁，1906—1907年，他与陈志美冒着杀头的危险频繁往返于广州与香港之间，经过与资产阶级革命党人两个多月的密谋策划，参与了北江地区起义，一举攻下韶州、南雄、连州等地，为粤北地区的反清革命作出了一定的贡献。

傅佐高办事正直，刚正不阿，敢于抑强助弱。他常为民众书写讼纸，不讲价钱，只收回纸墨成本费，对一些贫苦乡民则分文不收。他不畏官府强权，敢于维护民众权益。清末，县城一些商人勾结贪官，垄断粮食，囤积居奇，外运牟利，造成粮价飞涨，民众向他诉说，要求谋划对付奸商，稳定粮价。傅佐高毅然组织民众，拦截外运大米的船只，因此受到县令传讯。他据理争辩，毫不示弱，拍案批驳县令视民众疾苦而不顾，后上书省署，并得到省的支持。

此外，傅佐高还关心乡梓教育，热心办私塾，废除科举后，又积极创办新学，民国时期出任乳源县高等小学校长，对推动乳源县新学教育的发展作出了很大贡献。

家训

为官做事身要正，作风高尚无邪行。多与民众相亲近，甘为公仆勤为民。

——傅氏家训

廉箴

有公心必有公道，有公道必有公制。

——魏晋·傅玄《傅子·通志》

曾

寒门拔贡
勤政廉洁

郡望：庐陵郡

堂号：三省堂

廉洁人物：曾积堂

曾姓源自夏禹后裔，以姒姓为宗，发祥于山东。孔子弟子曾参即山东人。西汉时分支至长沙、扶风。西汉末年，后裔曾据率族南迁庐陵（今江西吉安）。西晋永嘉二年（308）一支迁会稽（今绍兴），后扩散至韶关（广东）、虔州（江西）等地。韶关曾氏多属庐陵郡三省堂，分布于曲江、南雄、始兴等地。

韶关曾氏廉洁代表人物有曾积堂。曾积堂，初名琼珠，字石邻，清代曲江人。四岁丧母，从小知事理，少长能事父，家故贫，以善书寄食于吏，暇则致力攻书，虽严寒、盛暑仍不释卷。嘉庆十八年（1813）癸酉拔贡，入镶白旗官学任职。曾积堂虽然出身寒门，但他却能守住底线，不为金钱所诱惑。在镶白旗官学任教期间，父亲病逝，他回曲江料理后事。由于手头拮据，他连像样的棺材都买不起。韶州知府知晓后，从府财政拨出二百金，意欲送给曾积堂为父办理丧事。曾积堂对知府的好意表示感谢，但财物等一概不受。知府再三解释，曾积堂哭着说："岂敢因私占利。"在家乡守孝期满后，曾积堂回到京师，继续在镶白旗官学教学。其间，凭他的才学和品德，本有机会升迁，但他为人耿直，遇不平之事，直言不讳，因此得罪了权贵。道光二十年（1840），任教20年的曾积堂受命赴任浙江於潜县令，天目山禅源寺住持久闻曾积堂声名，送上自己捋制的新菜和嫩笋，还有银两若干。曾积堂非常感谢住持心意，但物资一概不受，任凭住持如何劝说，他坚持说这是自己为官为人的宗旨。

在任期间，曾积堂发现前任知县不善管理，大肆挥霍，导致县财政亏空，负债累累，于是上奏朝廷，要求派员来清查财政。道光二十五年（1845），朝廷派汪本铨到临安府调查此事，经调查清算，发现於潜县确实存在许多积账、死账、乱账，富阳县、嘉兴县、秀水县、嘉善县、乌积县均有类似问题，曾积堂反映的情况属实。汪本铨回京复旨之时将曾积堂的政绩如实奏报，请求皇帝给予褒奖。皇帝便擢升其为湖州府乌镇同知，领四品衔。由于年老体衰，加上长期操劳，积劳成疾，曾积堂于任上病逝。收殓时，人们发现他身上仅有刚领的一个月薪俸，甚至没有多余的衣物。据史载，在曾积堂的带动下，曾家人乐善好施，忠厚老实，家风淳朴。

家训

孝悌忠信，礼义廉耻，三省诚身，道传一贯。

——三省堂曾氏家训

廉箴

做官以不要钱为本，廉之一字，足以服人。

——清·曾国藩

湛

不计得失
广设书院

郡望：豫章郡、浔阳郡

堂号：豫章堂、河阳堂（浔阳堂）

廉洁人物：湛若水

湛姓的起源主要有四种说法。第一种说法是源自上古夏代早期，大禹的后代建立了斟灌氏国，位于今山东寿光县东北。斟灌氏国被灭后，族人将“斟灌”二字各取一半，合成“湛”字作为姓氏。第二种说法是以地名为姓，春秋时期，居住在湛地（今河南宝丰一带）的人，以地名为姓。第三种说法是源于姬姓，出自春秋时期郑国大夫裨湛的后裔，以先祖名字为姓。第四种说法认为湛姓可能源于尹祁氏，是上古尧帝的第三子大节之后裔，以封邑名称为姓。据《增城沙堤湛氏族谱》记载，先祖湛露元代从福建迁南雄，再迁增城。

湛姓在南粤地区有着悠久的历史和深远的影响力，尤其是广州湛氏，以重视教育和家风传承而著称。湛氏家训强调“不计得失，广设书院”，倡导子孙为官要以民为本，关心百姓疾苦，积极推行教育改革，培养人才。湛若水是明代著名的教育家、思想家和政治家，他一生致力于教育事业，为培养人才作出了重要贡献。正德七年（1512），湛若水受命出使安南国，执行册封安南王的任务。临别时，安南国王赠送金币等礼物，湛若水婉言谢绝，并作《辞安南国赠物对》一文回复，称“且闻古之赠人以金者，不若赠人以言。今君已有赠言矣，又焉用金？”意即赠送金银财物给他人，不如赠送箴言鼓励。国王既已赠言，又何须另外馈赠金物？湛若水生活简朴，身体力行杜绝奢靡。他曾在诗中描述自己在菜园种菜、自给自足的生活，还鼓励士大夫多从事劳动，体验耕作艰辛，避免浪费粮食。

嘉靖十二年（1533），湛若水任礼部尚书，当时南京奢侈之风盛行，他号召大家勤俭节约，反对铺张浪费。在教育管理中，他强调公平公正。嘉靖三年（1524），他升任南京国子监祭酒，提出“示大公以孚生徒”，反对因贫富差距区别对待学生，主张一视同仁；还主张对在职人员进行德行、才能考核，举荐德才兼备之人，惩罚贪污受贿之人。湛若水为官36年，一直勤政清廉，谨慎处世。他将俸禄用于修建书院、购买馆田、资助贫困学生，自己却生活简朴。他还曾拆毁迷信场所，制定丧葬法令，反对铺张浪费。湛若水的廉洁事迹体现了他高尚的品德和对清廉政治的坚守。

湛氏家族以其廉洁奉公、勤俭节约和家风传承的优良传统，为后人树立了榜样。如湛重以清廉著称，他在任期间，家境贫困，妻子需下田劳作以维持生计；东晋陶侃的母亲湛氏“封坛退鲊”，强调廉洁奉公、谨守法度。这种廉洁奉公、不贪图个人利益的品质，不仅影响了湛氏后裔，也为后世家庭提供了精神财富。

家训

平时家居，不许饮酒；非人所馈送及待宾，不许买肉自食。

——甘泉湛氏家训

廉箴

清，德之源也，政之本也。

——明·湛若水《送太守朱君之任肇庆序》

温

舍家为公
忠廉为民

郡望：河内郡、太原郡、汲郡、清河郡

堂号：太原堂、平原堂、清河堂、汲郡堂、三彦堂

廉洁人物：温彦博、温汝适、温承悌、温子绍

温氏是一个多民族、多源流姓氏，起源可溯至西周姬姓宗室。始祖周武王之子唐叔虞受封于唐地，其一支后裔封于河内温邑（今山西太原境），遂以封地为氏，七世后形成望族。宋时温氏后人温敬考取功名，后成为南雄府事，举家迁往岭南，定居南雄珠玑巷，成为温氏迁岭南之始祖。南宋时期沿浈水南下韶关，继而经广州扩散至珠三角，散居到云、贵、川各省，亦有分支于明末清初迁居东南亚各国。

广东温氏皆为山西太原堂开基始祖温何公的后裔，奉温公祖训。虽为望族，但温氏家族没有出过权臣，这与温氏祖训对“和谐、正义、勤奋、诚信”价值观的重视息息相关。南雄温氏大宗祠的堂联“六龙世泽，三彦家声”，说的是三彦堂温氏的杰出代表，晋代恭、生、良、俭、克、让“温氏六龙”六兄弟，以及唐初“一门三公”的温彦宏、温彦博、温彦将三兄弟。作为宰相的温彦博，为了避免结党拉帮之嫌，常年闭门谢客，也从不培养家

族势力。他因为操劳过度去世，唐太宗为他治丧时，发现他家连大的厅堂都没有，棺材只能放在侧房中。温家这种不结党不营私不爱钱的宰相家风，为后世子孙代代传承。

温氏在广东的后裔多书香门第，满腹经纶，为官者皆清廉爱民，政绩斐然。其中清代顺德人温汝适，官至兵部右侍郎，一生以“正人”之风骨，践行温氏家训。他虽身居高位，却毕生俭朴，俸禄多用于济民。嘉庆二十三年（1818），他返乡侍母时逢洪灾，所带积蓄本欲修缮祖宅，却全数捐作修堤之用，更联合南海、顺德两县筹资治水，上书朝廷，以“国库借银”之策保障堤围岁修。其“舍家为公”之举，令富户动容，纷纷效仿，终促成桑园围水利工程，惠泽后世二十余万百姓。其“视民如伤”之心，赢得百姓立庙供奉，南海河神庙至今铭刻其德。即便临终之际，温汝适仍恪守臣节。温汝适的儿子温承悌为官同样忠贞兴利，孙子温子绍为广东近代官办军工业创始人。后裔弃官从艺，文脉赓续，恪守“忠廉为民”家训。

温氏家训涵盖做人做事、爱国爱家、清廉修身等各方面，激励一代又一代后裔积极向上，奋发图强。乾隆时期《四库全书》还将温氏家训收录其中，成为中华传统文化的瑰宝。温氏后人在学习了解家训中的智慧和教诲的同时，亦将正能量传递出去，为家族社会国家作出更大贡献。

家训

作家的，将祖宗紧要做不到事，补一两件；做官的，将地方紧要做不到事，干一两件，才是男子结果。高爵多金，不算是结果。

——吴兴温氏家训

廉箴

吾忧西陲，过于历阳，足下无过雷池一步也。

——东晋·温峤

谢

慷慨乐善
古处自敦

郡望：陈留郡、下邳郡、会稽郡

堂号：陈留堂、会稽堂、宝树堂

廉洁人物：谢上遴

谢姓源流与禹阳有所关联。据传，禹阳是黄帝的儿子，禹阳的后代建立了十个国家，谢国即是其中之一。谢国位于今天的河南南阳附近。在西周后期，周宣王为了巩固对南方的控制，派召伯攻打谢国，并将自己的舅父申伯封在谢地，导致谢国灭亡。为了纪念谢国的存在，谢国人改姓“谢”。韶关谢氏脉出河南陈留济阳脉支。谢氏先祖从陈留辗转南迁至赣、闽，宋代开始入粤。南宋德祐二年（1276），谢学敬由虔化来粤经商，因避战乱，卜居南雄沙水，之后向箬过、官塘等地迁播。宝树堂谢氏从南雄迁至始兴，分别在坪田、南坑、长坑、太平圩、澄江、清化武含等地开基。清化武含谢氏家庭殷实，非常重视对族人的品行教育。谢上遴就是在家风传承熏陶下，成为乐善好施、热心公益事业的人。

谢上遴，字永蕃，清代始兴清化武含人，县学生员。谢上遴自幼喜欢读史书，在阅读了《荀子·臣道》之后，对平原君赵胜“解国之大患，除国之大害，成于尊君安国”的豪气深感钦佩，因而养成了为人和气、平易近人、仗义疏财、重情重义的性格。继承了先辈的产业后，谢上遴成为拥有万贯家财的年轻富豪。丰厚的家产并未使谢上遴堕落成肆意挥霍的纨绔，而是令他成为时常救济穷人的“散财童子”。每逢街坊邻里、亲朋好友在经济上遇到困难时，谢上遴都会伸出援手，予以接济。他向来喜好广结善缘，善待宾客，礼遇贤能之士，遇到意气相投的，就会像平原君对待宾客那样，留客十日也不厌倦。

谢上遴同时又是一位尊师重教之人。他用自身家产在家中创办了私塾，聘请有名望的大儒担任私塾老师。一些上不起学但又天资聪颖、热爱学习的学子，谢上遴则免费招收，还无偿提供饭食。每天他都要到私塾中巡视，查看教具是否齐全。遇到集会课业的时候，他还会事先准备好酒席，等到学生写好文章后，他就招呼大家把酒言欢，美餐一顿。对于学业有进步的人，他会自备文房四宝作为奖励。谢上遴办学多年，经他培养成才的学子不胜枚举。

家训

尽悌道，笃宗族。正夫妇，谨婚姻。勤诵读，勤耕作。戒怠惰，戒赌博。戒淫欲，戒滥饮。

——始兴宝树堂谢氏族谱《家训十二则》

廉箴

人生贵适意耳，银钱常物，何足惜也？

——清·谢振定

蓝

奉公爱民 廉能有为

郡望：中山郡、东莞郡、汝南郡

堂号：中山堂、汝南堂、种玉堂

廉洁人物：蓝启延、蓝润

蓝姓起源可追溯至周朝。周平王姬宜臼的后代蓝尹亹因封于蓝田，以封地为姓，成为蓝姓的始祖。蓝姓早期主要分布在中原地区，广东的蓝姓多为明清时期从中原地区南迁而来。他们先从河南、江西等地进入粤北，扎根于韶关、河源等地，随后沿北江流域向南发展，逐渐扩散至珠三角地区。

“源自春秋流芳远，望出汝南世泽长”“种德馨香光祖烈，玉堂高敞耀宗榜”“汝水源流远，蓝田世泽长”等是广东蓝氏宗祠的通用门联，寄托了蓝氏先祖对其后人的期盼。作为蓝氏家族的杰出代表人物，清代山东莱州廉吏蓝启延与父亲蓝润在蓝氏家族中衰之际，创造父子进士佳话，重振家声，为家族复兴作出了重要贡献。蓝启延从政的第一个经历，是出任韶州乳源县知县。乳源任上，他廉洁奉公，爱民如子，内阁学士刑部左侍郎钱陈群为蓝启延撰写的传文中也有“启延预为设法赈济，斋戒沐浴，徒跣祷祈，雨大沛，邑不为灾，士民德之”的记述。其母去世后，按照旧制，蓝启延需要丁忧守孝，百姓得知后号哭不舍，足见其做官一心为民、廉洁无私。蓝启延为官清廉至极，以至于告归无回乡之费，死时无收殓之财。嘉兴钱陈群《西和知县蓝公启延传》记载："蓝启延死亡日贫无以殓，同役诸公为之经纪丧归，出西和，百姓赴哭者相望于道。"

蓝启延深受良好的家风和家学氛围的影响。其父蓝润去官返乡后，整理家族文献，总结族规家训，督导教育族中子弟学业，营造了良好的家风学风。蓝润一生以文学见长，廉洁简朴，笃志钻研，吟咏不辍。周清原在《蓝方伯传》中记载："顾性廉介朴直，尝僦屋穷巷中阖户著书，出则敝车羸马，不异儒素。"

蓝氏家规家训有言："国家强弱，匹夫有责，敬仰先祖，传承祖德……"从家国情怀、知书达理、伦理情谊、公益公德、作风纪律、持身修养等六个方面列出了具体规定，指引着蓝氏族人坚守忠、廉、勤、俭的家风文化，激励后人以清正廉洁为立身之本，以勤勉务实为处世之道。在蓝启延等先贤的影响下，蓝氏族人无论是否在朝为官，皆以廉洁奉公、勤俭爱民为准则，成为地方社会的楷模。

家训

志士励行，莫重于廉。精白乃心，嗜欲胥捐。千驷一介，取与必严。出为名臣，处为圣贤。人夷出跖，服膺拳拳。

——乐昌《蓝氏族谱》家规八箴之廉箴

廉箴

高轩危坐雨初晴，袖惹香风远处生。
皎皎花开浮月白，亭亭叶出傲冰清。
烈门喜作同心赋，入室堪为知己盟。
聊托云山幽谷地，也标众草得芳名。

——清·蓝启延《咏山兰》

蒙

廉洁自矜
耕读兴家

郡望：安定郡

堂号：安定堂、献典堂

廉洁人物：蒙天民、蒙英昴

蒙姓源自山东沂蒙，乃秦朝大将蒙恬后裔。韶关蒙姓分布于仁化县恩村，恩村蒙氏始祖蒙万承偕三子念四、念五和念六从江西于都来韶州经商。蒙万承见此地四面环山，钟灵毓秀，乃罕有的风水宝地，遂于宋元丰七年（1084）在村中定居。居住一段时间后，万承公为了更好地发展，让老大念四留在仁化恩村，念五去往广州番禺，念六去往四川宜宾。

恩村蒙姓以耕读传家，最具代表性的人物有蒙天民。蒙天民，字完初，生于南宋淳熙元年（1174）。他为官三年，淡泊名利，清正廉明，勤政为民，执法严明。蒙天民就任仁化县令后，以振兴桑梓为己任，建筑营堡，设立关隘，开通渡口，兴办学馆，选用人才，尤其重视水利农桑，奖励耕织，常亲临各地巡视，体察民情疾苦。他平生耿直，从不虚妄狂言。出仕前著有《锦石岩龙王灵感记》一文。该文不仅展现了他深厚的文化底蕴，也体现了他“士以诗书为业，民以教化为先”的情怀。因此，为官后他对违法犯禁者，不论亲疏内外，一视同仁。有传蒙氏家族及亲友妄想通过他谋职位，他一概按标准取才选人。有人托其承揽基建土木工程，他一概不分亲疏，以质量为本，不徇私情办违禁之事。民间从未有过关于其贪利敛财之闲言碎语。蒙天民知书明理，官袍在身而不忘百姓之冷暖。他勤俭理政，在家也勤俭节约。嘉泰三年（1203）蒙母病逝，蒙天民自请回乡守孝，后一直未复仕。离任时宦囊肃然，所积者唯有几箱书而已。归故里之后，即潜心力课子孙，勉学励志。

蒙氏人才辈出，冠盖连云，曾有“一门三进士，三房七祠堂”之说，相继出了蒙应龙、蒙英昴、蒙渊龙、蒙禄昌等26位进士，考进武举、岁贡、拔供、监生、庠生、太学生等300多人，成为韶关耕读兴家的典范。

在恩村蒙氏后裔中不乏为官清廉者，蒙英昴便是其中的佼佼者。蒙英昴，蒙天民的侄孙。少年聪慧敏捷，七岁就能吟诗，十五岁便蜚声文坛，成为一方才子。二十七岁时荣登进士，与文天祥同榜。此后，初出任道州学正，因政绩显著被荐为国子博士。后因遭奸臣贾似道陷害，被逼辞官回乡。回乡后亲自筹划修筑了恩村的“古堡宗城”用于躲避战乱。南宋宰辅文天祥亲自为同科进士蒙英昴题写钦赐“进士坊”匾额（残匾额尚存恩村），并撰联一副：“大丈夫丰功伟烈，圣天子讲学崇儒。”

家训

敦孝悌，崇雍睦，严祭祀，正闺阃，联族属，睦闾里，安职业，务勤俭，戒淫侈，惩骄吝，谨交游。

——韶仁蒙氏族谱（九修谱）《族约》

廉箴

今臣将兵三十余万，身虽囚系，其势足以倍畔，然自知必死而守义者，不敢辱先人之教，以不忘先主也。

——秦·蒙恬

赖

三代五将
惟勤报国

郡望：南康郡、松阳郡、颍川郡、河南郡、河内郡

堂号：松阳堂、颍川堂、秘书堂、南康堂、河南堂、河内堂、西川堂

廉洁人物：赖世超、赖英扬、赖信扬、赖恩爵

赖氏是一个多民族、多源流的姓氏，起源可追溯至炎黄后裔，主要有两大源流。其一为姜姓赖国，源自炎帝后裔烈山氏，商代东迁至河南或湖北，后于春秋时期被楚灵王所灭，族人以赖为姓。其二为姬姓赖国，得姓始祖周武王之弟叔颖因助武王伐纣有功，受封于河南颍川，建赖子国，亡于楚国后，子孙遂以国为氏。唐宋时期，广东赖氏由中原因战乱或官职变动而迁徙，自江西、福建迁入广东，经珠玑巷中转扩散至粤东，形成以梅州、潮汕为核心的聚居地，后进一步迁徙到中国台湾、东南亚等地。

赖氏在历史上有“宋有杨家将，清有赖家帮”的美誉，作为武将世家，家训核心要义是爱国，以“岗不离守，守不离纲”为家训。始祖赖吾彪迁居大鹏所城后，其孙赖世超15岁弃文习武，25岁得贤妻刘氏指点改考武举，终以武状元之身开启将门传奇。他驻守海疆三十余载，督造珠江口要塞炮台，官至二品武功将军。赖世超始终要求子孙“勿恃祖荫，惟勤报国”，为家族奠定忠勇根基。两个儿子皆是从低级军官做起，长子赖英扬承父志投笔从戎，在剿灭洋盗战役中展现将门风骨。嘉庆年间率水师于儋州外洋激战，以少胜多，获两广总督亲授“头等出力”银牌。三子赖信扬在鸦片战争期间任香山协左营千总，道光二十七年（1847）官拜福建水师提督，获赐红顶花翎，创下家族官阶巅峰。兄弟二人皆恪守“守纲”家训，从戍边小吏成长为封疆大吏。

第三代武将赖英扬的儿子赖恩爵在鸦片战争中铸就铁血传奇。1839年虎门销烟后，赖恩爵奉林则徐之命率水师移防九龙。同年9月，他率三艘战船巡航时突遭五艘英舰袭击。英方假借谈判之名，突然向清军开火。赖恩爵临危不乱，沉着应战，一面掉转船头以灵活船身周旋，一面指挥九龙炮台协同作战。经四小时激战，击沉英舰一艘，毙敌17人，创下中国近代反侵略首胜。道光帝赐其“呼尔察图巴图鲁”勇号，御题“振威将军第”彰其功绩。

赖氏家族世代传承着“岗不离守，守不离纲”和“文官愿为清史瘦，武官敢当沙场卒”的家训，这些训诫深深融入家族血脉。在这片赖氏先辈曾坚定地守卫过的土地上，一代代赖家子弟始终恪守“忠于职守、严守规矩”的祖训，将爱国敬业的精神代代传承，在各自领域续写着爱岗报国的家族传奇。

家训

人生学，学而生，先立品，学圣贤，耐勤学，礼施谦，要笃信，劳而奋，事有成。

——深圳赖氏家训

廉箴

吾忧朝政腐败而忧，吾乐收回香港而乐。

——清·赖恩爵

詹

清廉实干
忠孝持家

郡望：渤海郡、河间郡

堂号：河间堂、奎光堂、洁身堂、继述堂、敦复堂、永思堂、敦崇堂

廉洁人物：詹天佑

詹姓历史悠久，源流众多。《路史》有云：“虞封黄帝之后，得詹者为詹氏。”另一说法认为，詹氏源于周宣王的儿子詹侯。此外，春秋时代的楚国也曾出现过一支詹氏。詹氏最初以河北、山东交界处的渤海为繁衍中心，而后由赣南、闽西进入粤北的南雄、始兴等地，再沿韩江、东江向潮汕、惠阳等地推进，最后扩展至粤东、粤西及海南。

广东詹氏家族以“忠孝持家远，诗书处世长”为家训，倡导“行仁义事，存忠孝风”，形成了清正廉洁、重视教育的优良家风。这种家风在詹天佑身上得到了充分体现。詹天佑一生廉洁奉公，从未利用职权谋取私利。1905年，詹天佑被任命为京张铁路会办兼总工程师。京张铁路不仅技术领先、安全可靠，而且成本低廉，每公里造价大约仅为同时期国内其他铁路的一半。这与詹天佑科学施工、规范管理、厉行节约、廉洁奉公的工作作风密不可分。身为总工程师，詹天佑手握大权，却始终坚持在保证工程质量的前提下精简开支，力拒贪腐。最终，京张铁路的总施工费用仅为外国承包商报价的五分之一，为国家节余了超过28万两白银。

詹天佑的家族治理理念深受詹氏家风家训的影响，他将“敬业、廉洁、博学、睿智、务实、坚韧、友爱”等品质融入家族治理中。他一生践行家训中的“训尔廉”，强调“惟义是从钱不爱，利害两字总无干”，并以此教导子孙。他常对子女说：“不能只顾个人，要有大情怀才有大出息。”并以身作则，拒绝公费支持子女留学，坚持用自己的薪水供其求学。詹天佑的后代继承了他清正廉洁的作风，践行詹天佑捐献全部家产给中华工程师学会的遗愿，将120件慈禧太后所赐的宝物全部捐献给国家。这种廉洁奉公、为国奉献的家风在詹家世代传承，激励他们“各出所学，各尽所能，使国家富强，不受外侮，以自立于地球之上”。

詹氏家训以“纯良家风”为内核，强调“笃宗族”“和乡亲”“尊师长”“尚勤俭”“重读书”“争人格”等理念。这些家训不仅规范了家族成员的行为，还传承了廉洁奉公、爱国敬业的高尚品德，成为詹氏家族世代传承的宝贵财富，激励着后人坚守家风，为国家和社会贡献力量。

家训

何谓廉，切莫贪，财利前生有定缘。
惟义是从钱不爱，利害两字总无干。
尔不要钱人必怕，子孙日后有样看。
我劝儿孙廉居心，合浦还珠只因廉。

——婺源詹氏家训

廉箴

凡任事者，当置身利害之外。

——詹天佑

源

敦伦尽孝 立德树人

郡望：西河郡

堂号：乐都堂

廉洁人物：源贺、源汝荣

源氏为单一姓氏传承，起源于北魏鲜卑贵族，始祖源贺原为南凉国（今青海乐都）王子秃发破羌，南凉灭亡归顺北魏太武帝拓跋焘，因才华出众，得到太武帝认可。史书记载：“卿与朕同源，因事分姓，今可为源氏。”广东源氏入粤始于南宋，靖康之变后源氏随中原士族首次南迁至南雄珠玑巷，后沿西江南下，定居鹤山霄乡，明清时起向周边扩散，至广州、港澳及东南亚、美国、英国、加拿大、法国等地。

始祖源贺所留遗言是源氏家训的起源。这份诞生于1500年前的训诫，2017年被中纪委列为“廉史镜鉴”典范，至今仍为官德建设提供历史镜鉴。源贺作为北魏时期四朝重臣，一生精忠报国、勤政为民、淡泊名利。西灭北凉时率轻骑破城，南征刘宋时以三千精兵断敌粮道，更在太武帝遇弑后冒死擒杀奸宦宗爱，拥立文成帝拓跋濬。面对新帝“任选国库珍宝”的厚赏，他仅取战马一匹，并谏言道，社会还没稳定，“府库不可虚”。这种“功高不居，利重不取”的风骨，奠定家训的精神底色。他的临终遗训更显家训精髓：要求子孙“四戒四思”——戒傲吝、荒怠、奢越、嫉妒；思审言、恭行、慎听、辨真。特别强调“清约行己”的底线：葬礼仅着常服单棺，禁用当时盛行的陶俑明器。这种将廉洁从生前贯彻到身后的要求，见证着鲜卑贵族汉化过程中对中华廉政文化的深刻理解。

后人将源贺的遗言归纳整理，提炼成“敦伦”“亲族”“勉学”“勤职”“立品”“节用”“睦邻”“和众”八则十六字家训，世代传承发扬光大。19世纪末，十八世孙源汝荣赤手闯香江，因建太平戏院而成为巨富仍恪守祖训：戏院股权分九份，特留两份拆分赠予百余名乡亲，开创“共同富裕”雏形；并为抵港谋生的霄南子弟提供落脚处，更将戏院化作慈善平台，连续十二年举办义演，为家乡修石板路、建水利捐资逾十万银元。

源氏“家规八则”以儒家伦理为纲，体现了儒家“亲亲”“尊尊”“仁者爱人”的和谐精神，铸就家族精神内核。中唐以降，源氏虽褪去士族光环，却在岭南商海中将家训转化为市井准则的智慧，勤劳守德，传承不息。

家训

士农工商，各有其职，勤则业修，惰则业堕。

——鹤山源氏家训

廉箴

吾顷以老患辞事，不悟天慈降恩，爵逮于汝。汝其毋傲吝，毋荒怠，毋奢越，毋嫉妒；疑思问，言思审，行思恭，服思度；目观必真，耳属必正；遏恶扬善，亲贤远佞；诚勤以事君，清约以行己。吾终之后，所葬时服单椟，足申孝心，刍灵明器，一无用也。

——北魏·源贺《遗令敕诸子》

蔡

文扬正气
世守清风

郡望：济阳郡、洛阳郡、南阳郡、武功郡

堂号：德馨堂、济阳堂、洛阳堂、龙亭堂、承启堂

廉洁人物：蔡忠

蔡姓出自姬姓。据《史记·管蔡世家》记载，周武王姬发灭商后，封其五弟叔度于蔡（今河南上蔡县），建立蔡国。蔡叔度死后，周公旦又把他的儿子封到蔡地，恢复蔡国，史称蔡仲。春秋时期，蔡国被楚国所灭，蔡国子孙以国为姓，称蔡氏。唐宋时期，蔡姓开始进入广东地区，在岭南一带生根发芽。

蔡氏宗祠上的联语蕴含着后人对先贤的敬仰，如“德名千里，馨气万年”“家课唐虞事业，世传忠孝经纶”“政能立，事能廉，万世丞堂不坠；仲吹篪，伯吹埙，一家和顺常闻”等，这些联语字字珠玑，既彰显了蔡氏家族代代相承的精神追求，又寄托着后世子孙赓续先贤品格的坚定信念。蔡氏重家风，厚传承，蔡忠便是其家风传承的代表之一。蔡忠是明南雄府保昌县官田都人，字汝忠，初名愈济，字仲舟，后来为避忌讳而改名。他自幼聪慧过人，博览群书。明永乐十八年（1420），20岁的蔡忠就在乡试中举，从此

入仕为官，历任广西苍梧、江苏盱眙教谕。蔡忠严于律己，宽以待民，因政绩斐然，后又被提拔为监察御史，巡视河南、陕西、甘肃等地，所到之处能整风肃纪，奸邪贪污之人无不怯步。蔡忠善理钱谷，治理有方，大明宝钞曾一度贬值，又出现私铸钱币现象，扰乱货币秩序，他结合实际情况，分条陈述钞法等诸多事宜，又定出罚钞之律，都得到施行。蔡忠能力卓著，深得朝廷认可，他奉命到南都审理案件，推究实情审讯，多有平反，当地百姓因此对他肃然起敬。

蔡忠母亲去世，他守丧期未满就被起用，后又升迁为山西屯田佥事，如此殊遇，可见朝廷对其才干的认可。蔡忠一生廉洁奉公，造福百姓，在当时的政局中发挥了积极作用。

“公直淳朴、疏财仗义、乐善好施、好学勤耕……”蔡氏家训历经千年传承不衰，构建起涵盖家庭伦理、社会责任、品德修为、家国情怀等治家圭臬，通过代际传递中的言传身教，塑造了蔡氏家族崇德重教的门风，更在历史长河中培育出众多经世济民的贤能之士，至今仍在海内外宗亲中发挥着凝聚人心、赓续文脉的重要作用。

家训

戒非为，息争讼，禁赌博，尊家教，敦孝慈。

——南雄蔡氏家训

廉箴

事父母之道曰孝，天之性也；事君上之道曰忠，人之义也。

——北宋·蔡襄《论忠孝》

裴

清风峻节 三拒赠金

郡望：河东郡、京兆郡

堂号：河东堂（总堂号）、浩然堂、清介堂、济世堂

廉洁人物：裴唐、裴元度

裴氏源自嬴姓，伯益后裔封于裴地（今山西闻喜），遂以邑为氏。汉魏时期形成“河东裴氏”望族，与琅琊王氏并称“八裴八王”。明代南雄裴氏支脉由江西吉安迁入，裴唐祖父裴应祥曾任广西平乐知府，父裴宗周官至南京户部主事，世称“三代簪缨”。

在岭南裴氏宗祠中，常见“青琐家声，黄堂世泽”“铁面振台宪，冰心映铨曹”等楹联，其中“青琐”典出汉代裴瑜拒贿事迹，“冰心”则暗合裴唐清介品格。明万历十一年（1583），裴唐以贡生铨选第一入仕，历任安庆司训、常熟教谕、儋州学正，终成明代南雄儒学代表人物。

裴唐（1553—1627），字肇虞，号际宇，世称“南雄先生”。幼承庭训，十岁能作制艺，随父宦游江淮时得王阳明再传弟子指点，深悟“知行合一”之要。任常熟教谕期间，效法言子游礼乐教化，整顿学宫纪律，制定《月旦课士法》，每旬亲授《四书章句集注》。时有富商以百金请其执绋，

裴唐正色曰："吊丧本礼，鬻丧非礼。"其拒贿事迹载入《虞山书院志》。在儋州兴学时，他效仿苏轼遗风，建载酒堂讲学，黎汉生徒同席共砚，开创"海外邹鲁"新局面。

裴唐尤重家风传承，手订《裴氏家范》十二则，强调"穷达皆当守节，治学必先治心"。其子裴元度任琼州通判时，遇台风毁城，效法父亲"鬻田赈灾"之举，捐俸重修崖州学宫。辞官归里后，裴唐主持编纂《保昌县志》，倡建凌陂水利，更冒死上《虚粮疏》为乡民减赋，百姓立却金亭以志。虽未跻身宰辅，然其"三拒赠金"（拒丧礼金、拒修志润笔、拒水利工程回扣）的事迹，与张九龄"金鉴风骨"遥相辉映，同列《南雄先贤录》清吏篇首章。

"立身以诚，居官以廉"的岭南裴氏家训，在裴唐身上得到了生动诠释。从拒贿守节的个人操守，到《裴氏家范》的谆谆训诫，裴唐始终躬身践行，更重家风传承，要求后世子孙恪守祖训，以廉传家，由此铸就了裴氏代代清正的家族品格。

家训

立身以诚，居官以廉。穷经必践，临财毋贪。孝悌为本，诗礼传家。赈困周急，济世安民。宁鸣而死，不默而生。

——万历四十四年《裴氏家范》

廉箴

青袍何曾染缁尘？却金亭畔柏森森。
三拒豪商守冰魄，一疏虚粮见赤忱。
载酒堂前黎汉睦，凌陂渠里稻粱馨。
莫道岭南无直笔，裴公家训重千钧。

——明·李修《谒裴唐先生故居》

廖

独具风骨 守节拒浊

郡望：汝南郡、巨鹿郡

堂号：武威堂、中乡堂、紫桂堂、果烈堂、万石堂

廉洁人物：廖燕

廖姓是中国古老的姓氏之一，起源于周朝，得姓始祖为廖叔安。廖姓家族在中原地区发展壮大，后因战乱和迁徙，逐渐南迁至江西、湖南、广东等地。其中，韶关曲江廖氏于明正统年间南迁至韶州府，从此肇基开业，世代绵延。

“力行仁义事，奉献忠孝心”“世彩堂高，历代多贤承祖训；武威望重，传家有道起人文”“慈孝友恭，一堂吉庆；诗书礼乐，满室荣华”是廖氏宗祠的通用对联，表达了廖姓先祖对后代的美好期望。廖氏以“忠孝节义、勤俭持家”为家风，注重培养族人的品德和学识。家族中流传着许多先祖故事，韶关曲江人廖燕（1644—1705）就是廖氏名人代表之一。廖燕早年家贫好学，二十四五岁时就鄙弃举业，筑室韶州武水西，书斋名为“二十七松堂”。廖燕高奇自负，独具风骨，生于明末的他不屑为清朝统治者服务，一生未仕。

身为布衣学者，廖燕是清代思想界、学术界勇敢的“斗士”。“欲立言接二公（张九龄、余靖）”是他一生宏愿，在文集自序中更是坦陈：“笔代舌，墨代泪，字代语言，而笺纸代影照。”可见其文笔恣肆犀利、见解独到。对于经世之论，他更是鞭辟入里，一矢中的，提出了前无古人的精辟见解：“六经之‘理’，具于未有文字之先。上古无兵书，孙吴善兵法；后人有了孙吴兵法，用兵反而不及古人万一。”可见“理”存天地，不“尽在书”，直击儒家正统的历史观，以及科举和理学的要害。他的田园诗，多是患难后、病后、贫无立锥后的“不平之鸣”，表达了“泽及生民”的强烈愿望。廖燕性格耿直，在参与《韶州府志》和《曲江县志》编纂中，发现有人文饰其祖而立传，有人有潜德显行却不幸生于穷巷幽间，无人表彰，至此湮没。廖燕遂私自删削订正，藏在家中，并写有《书私订那品志后》一篇以阐发此类观点。现代历史学家、文献学家张舜徽在《中华人民通史》中尊廖燕为清初大思想家。

“举向花间，倩鸟哦之。公冶子何在？听此泠然。世无忌人，容我仙去。”廖燕将文士清介化作对抗异族统治的无声宣言，这种甘守清贫的隐逸，正是他在桃花源里守护着的忠诚气节，在后代更是化作拳拳爱国之心，熔铸在廖氏族人血脉之中。

家训

为政清廉，万民敬仰；贪赃枉法，自取灭亡。与人为善，积德满量；行骗欺诈，终进牢房。凡事三思，妥帖顺当；性急粗暴，好事弄僵。人生在世，追求理想；坏事莫为，万古流芳。遵纪守法，平生安康；忠于家训，世代荣昌。

——廖氏家训

廉箴

士莫重乎气，气养之在上，而成之在下，天下未有能以贱而谋贵者矣，何也？其气不足也。

——清·廖燕《书战国策后》

谭

守正洁己 青天尚书

郡望：弘农郡、齐郡、齐阳郡

堂号：弘农堂（宏阳堂）、齐郡堂、善断堂

廉洁人物：谭大初

谭姓源自周代姒姓谭国（今山东济南），公元前684年灭国后以国为姓。三国时期谭氏迁居零陵（湖南），南朝齐时谭瑱一族定居始兴（广东韶关），因军功任始兴太守。唐宋至明代，谭氏分迁韶关各县，形成主要聚居地。

谭氏自谭瑱在始兴开基以后，可谓人才辈出。至唐，谭氏六世子孙谭海为循州司马，择婿名相张九龄。至宋，又有十九世谭粹，举宋元祐八年（1093）进士，擢韶州太守，历朝议大夫。粹生三子，长焕、次茂与季秀。长子谭焕，举北宋大观元年（1107）进士，徽宗钦点“八行”之首（状元），官至朝散大夫。由此，始兴谭氏家族兴“八行”家风，诗礼传家。至三十世，族中培养出一位杰出人物谭大初。谭大初为人刚正不阿，为官清正廉明，体恤民情。嘉靖二十九年（1550），为确保军户数额，江西地方官将一些民户硬编为军户充数，以致百姓怨声载道。时任江西按察副使的谭大初在清理军籍时，御史孙慎怕军伍数额不足要办罪。谭大初正色道：“失额罪小，殃民罪大。”于是把不符合入军籍条件的老百姓改回民户，老百姓感激万分。谭大初升任户部尚书后，严肃风纪，不畏强权。时任内阁首辅严嵩，位高权重，权倾朝野。其故乡江西的亲友宗属侵夺农民良田，地方官不敢过问。谭大初侦得实情，一一依法惩办，深得百姓赞誉。有个地方权豪依仗是严嵩的亲戚，平时横行霸道，残害无辜，将失手打死的人丢入内苑池塘，池塘底下尸骨如山，路人侧目。谭大初微服探访，假借洗手之时不慎将手镯掉入池里为名要汲干池中之水寻觅，而这个权豪却淡然地说，一个手镯能值几何，换一个奉还即可。谭大初以为不然，答道此乃祖传之宝，万不能失。待池水汲干后，果见尸骨成山。谭大初依法惩办权豪，被时人称为“谭青天”，“青天尚书”之名不胫而走。

谭大初为官刚正不阿，爱憎分明，重视人才，忠君爱民，被誉为明代五大最清廉的官员之一。在家庭教育方面亦颇有建树。谭大初生有四子，其中谭音颇有父亲谭大初之风，贡生入仕，任余杭教谕，升武义县令、太平府通判，再升上石西州知州，所在著惠政，有廉介声。

家训

敦孝悌，以全人伦；笃宗族，以昭雍睦；和乡党，以息争讼；明礼义，以厚风俗；务本业，以足衣食；训子弟，以禁其非；尚节俭，以惜财物；守国法，以当义民；勤读书，以明事理；慎交游，以端品德。

——始兴谭氏家训

廉箴

（谭大初）清介足以励顽，凝重足以镇俗，进必三让，退由一辞，卓然有大臣风，庶几古社稷臣。

——明·陈善

翟

耕读传家 官不贪财

郡望：汝南郡、南阳郡

堂号：传诗堂、宠畏堂、忠孝堂、博古堂、南阳堂

廉洁人物：翟杰、翟龛、翟廷策

翟姓为多源流姓氏，主要起源有三：一出自隗姓，春秋赤狄族建翟国，被晋国灭后，国民以国为姓；二源于黄帝后裔祁姓支脉；三系周成王封次子于豫地翟邑（今河南鲁山），以封地为氏。东汉时翟姓已南迁，北宋惠州学者翟逢亨印证了翟氏在岭南的早期足迹。但广东翟姓大规模南迁始于北宋靖康之变。为躲避战乱，皖、赣、苏、浙一带的翟姓人辗转于南方诸省，率族徙居南雄珠玑巷，再陆续迁居粤东、广西、江西等地。

翟氏家族历来重视教育，秉承“耕读传家”的信念，将教育视为家族兴盛的根基。在此影响下，翟氏族人个个勤奋好学，刻苦用功，南宋工部郎中翟徽带家族避战乱迁至东莞后，第二个儿子翟杰于1135年考中进士，成为东莞历史上首位进士，随后，翟杰的儿子和长兄的儿子也相继中举，祖孙三代人成就了“一门四进士”的美名。本着“吾为先达，当启后人；吾为先知，宜觉后进”的宗旨，翟杰积极推动民间办学，在南宋绍兴十六年（1146），翟杰便自建桂华书院，广招学子并免除食宿费用，成为东莞民间办学的先驱。桂华书院比官办学宫还早了四十年，展现了翟氏家族对教育的深远影响。元代初年，曾任宋朝东莞主簿的翟杰四世曾孙翟龛拒绝元朝征召，扩建藏书楼，设立聚秀书院，在书院中讲学。这两个书院是东莞邑城历史上有文字记载的最早民办学府。自宋至明、清，东莞科举兴盛，英才涌现，重教兴文蔚然成风，成为广东文化重镇，这与翟氏两位先贤的深远影响密不可分。

翟氏世代在教育上激励子孙修文习武的同时，也对后代的品德修养提出了严格要求，强调“文官不贪财，武官不怕死”，为官者应坚守操守。翟氏家族世代为官者，文官以清廉著称，武官则以勇敢无畏闻名。明代翟廷策任福建清流县知县，为官清廉正直。任乡试同考官时，因拒绝县中权贵的重金贿赂，坚持公正选拔人才，结果遭权贵报复，被调离原职，最终积劳成疾病逝于任上。他去世时身无分文，家属连收殓衣物都无力购置，幸得当地百姓捐助才得以归葬东莞。

历史长河中，传承数百年的《翟氏家规》成为家族最深处的坚守。《翟氏家规》中的“十规六禁四戒四革”数千字被镌刻于翟氏宗祠内，不仅约束历代子孙，更成为家族教育的核心。无论时代如何变迁，家规始终发挥着重要作用，引导族人向善向德，修身养性，为家族树立了严谨的家风和道德准则。

家训

禁游惰。禁喜争好斗。禁赌钱。禁场户窝赌。禁豪饮。禁纵淫。

——东莞翟氏家训

廉箴

一死一生，乃知交情；一贫一富，乃知交态；一贵一贱，交情乃见。

——西汉·翟公

黎

铁面御史
清廉名扬

郡望：京兆郡、九镇郡、宋城郡

堂号：黎阳堂、黎城堂、经术堂、载酒堂、巴郡堂

廉洁人物：黎贯、黎民表、黎民衷

黎姓起源多元，主要源流有三：其一为上古九黎部族，少昊时期任北正（或火正）官的黎氏后裔；其二源于商周黎国，山西、山东两地古黎国灭国后，国民以国为氏；其三承自帝尧血脉，周武王封尧裔末舒为黎侯。战国时期“黎氏之族或因官而处，或避难而居”，向南抵达两广。宋末时，黎氏始祖从福建经赣闽通道进入南雄珠玑巷，咸淳间又徙南海。此后，黎氏后裔分徙粤北以及岭南其他地方开基。

岭南黎氏家训以“耕读传家”为核心，自明代起形成独特宗族规范。明代被称为“铁面御史”的黎贯，作为从化黎氏首位进士，毕生践行家训精神。他自捐俸禄却拒收学子谢礼，被赞“魏骥再世”。任陕西道监察御史时，冒死谏改火甲制度，减轻京师民负；督查福建军饷期间，面对太监尚春私吞军饷的威逼利诱，铁面追缴白银十二万两、粮二十六万石，创下明代御史追赃纪录。嘉靖帝即位初颁禁贡令，地方镇守太监却以“额外进贡”之名横征暴敛。黎贯上疏直指宦官曲解诏令，实则借机盘剥百姓，谏请严行禁令，使惠民政策真正泽被苍生。黎贯巡按江西时，首撤浮桥关卡，革除苛政，促商贸畅通；暗访厘清刑狱积案。时宁王叛乱株连甚广，他详查卷宗甄别罪责，严惩主犯十余人，宽释无辜宗室，以法为绳兼施仁政，终显司法清明。他反对嘉靖欲削孔子王爵，冒死犯颜进谏，触犯帝怒遭罢官，十三道举荐皆未复起，却始终无悔。

黎贯子嗣承袭清正家风，三代为官皆以廉立身。长子黎民表虽止步举人，却以文名震世。为官廉正，拒严嵩拉拢，任官数十年清贫如寒士，亲朋旧友丧葬，则捐资辅助。因不满官场腐败黑暗，三度辞官，归隐越秀山著书。次子黎民衷高中进士，承父兄清骨，任浔州知府时，首禁官场陋规，对下属借节庆之名行贿者，初以训诫警示，屡犯者施以鞭刑驱逐，府衙风气为之一肃。升任验封郎中后，有人想贿赂他谋求官职，但黎民衷拒贿守节，为此遭到官员记恨，被调离京城。调任广西时率军抗乱殉职，临终犹念“府藏尚存否”。

黎氏家训以儒家道德观念为基础，结合广东本地风俗，对家族管理、子女教育、财产经营都作出了详细规定。三百多年来，黎家人始终守着祖辈传下来的规矩，坚守初心，兢兢业业，让好家风代代相传。

家训

修德以孝悌为本，兴家以勤俭为本。读书以义理为本，律己以信慎为本。做事以诚敏为本，世以廉允为本。待人以敬恕为本，养生以宁静为本。

——南雄黎氏家训

廉箴

修途惭蹇步，守拙返丘园。得罪非怀璧，穷途异触藩。风尘凋壮齿，雨露负明恩。

鸣雁怜庄叟，雄鸠感屈原。薄田余稻秫，荒径有兰荪。涧户窥书帙，山楹列酒尊。

马疲思服皂，鹤举恋乘轩。歧路新知尽，沧洲吾道存。樊笼今脱略，鹏鴳且飞翻。

——明·黎贯《归韶峒山中》

潘

为官清廉
乐善好施

郡望：荥阳郡、广宗郡、河南郡、豫章郡

堂号：荥阳堂、荣杨堂、承治堂、如在堂

廉洁人物：潘维宰、潘世煌、潘世德

关于潘氏源流，新丰《潘氏族谱》如是记载：“因食采于潘，故以潘为姓，以商为音。”韶关潘氏源自河南荥阳安仕乡，东汉时迁居河南开封府中牟，晋永嘉年间辗转江西抚州府临川，后再迁安远劳田乡，南齐徙宜黄大富岗，唐末为避战乱迁居福建宁化。景炎元年（1276），元兵大举南下，潘氏从宁化入粤居长乐高竹园。至八世祖潘伯澜身膺郡庠，明弘治十一年（1498）迁入韶州翁源县。明成化年间，潘氏后裔大量迁徙至新丰聚居，逐渐成为新丰第一大姓。若干年后，后裔再分迁至始兴、佛冈、英德及连阳等地衍播。

潘氏自入粤北数百年间，始终遵循潘氏箴规，其中“钦德行”强调：“德由心积，行以实践。德盛者誉自隆，行修者品自著。是以千古以大德为至，四科以纯行为先。故有德之人，笃行之士，族姓务宜钦崇。”箴规中品德至上的要求激励着一代又一代新丰潘氏族人追求至善至臻的优秀品格，养成了潘氏族人为官清廉、乐善好施的优良传统。潘维宰，字尽生，清代惠州府长宁县新南（今韶关新丰）人。任职期间，潘维宰勤于每月课业督导，从不收取学费。由于他道德崇高，清正廉洁，教育有方，不仅得到了乡人的共同敬仰，程乡、平远两县人士对他亦是称颂不已。任职六年后返乡，离任时行囊简陋，两袖清风，士人皆钦佩其淡泊清廉的优秀品格。

潘世煌，字继序，清长宁县新南人。清康熙年间由府县学生员考中明经科。潘世煌孝顺父母、友爱兄弟，品德敦厚。常年慷慨资助贫困学子，救济穷苦百姓。壮年时购置产业必定署父亲名字，不敢据为己有。

潘世德，字配京，清长宁县新南人。敕封儒林郎，康熙年间补为县学生员。潘世德生平孝顺友爱、端方正直，仗义疏财。凡遇县里公益事务，潘世德皆不惜捐资赞助；遇见乡里贫困者即施舍救济，宗族亲友饥寒交迫时，总是慷慨解囊毫不吝啬。康熙五十二年（1713）县里闹大饥荒，潘世德率先在麻沙墟设粥厂赈济，救活众多百姓。县令雷氏赠匾表彰其德，题曰“香山一老”。

“钦德行”祖训，凝聚着潘氏家族的精神内核与文化传承。世代潘氏族人在此训诫下，涌现出众多德才兼备之士：或清廉为官，或倾囊兴学。这一训诫不仅塑造了新丰潘氏清正廉明、仁厚处世的家风，更让德行之光在岁月长河中薪火相传。

家训

钦德行，尊齿高，敦礼让，尚和睦，奖贤孝，诱英俊，掖贫懦，劝骄吝，安名分，警轻浮，戒躁率，禁强暴，阐贤淑，惩淫欲。

——新丰潘氏箴规

廉箴

高以下为基，民以食为天。正其末者端其本，善其后者慎其先。

——西晋·潘岳《藉田赋》

禤

勤劳节俭
忠孝传家

郡望：南海郡、番禺郡、桂林郡、广信郡、钦州郡

堂号：敦伦堂、崇德堂、明德堂、敬宗堂、忠孝堂、尚义堂、思源堂、慎终堂、继述堂、敦仁堂

廉洁人物：禤明德、禤荣

禤姓起源的主流说法与姬姓相关，禤氏出自黄帝后裔北宫儇（禤），以先祖官职或读音为氏，虞夏时封禤国，周灭商后族人迁居齐鲁。亦有学者提出禤姓源于东汉光武帝时期，名将马援部将纯旺随军南征有功，获光武帝封“平夷大将军”，赐姓“禤”。广东禤氏入粤始于东汉，山东禤氏随军事活动首次进入岭南。唐末安史之乱，中原禤氏随移民潮迁至南雄珠玑巷。南宋咸淳年间珠玑巷禤氏南迁佛山三水，后分衍福建、广西等地。

“祖源山东随大将，而南征功垂汉疆”，这副堂联就是禤氏先祖为纪念东汉南征禤氏始祖禤纯旺而作，目的是让子孙铭记先祖为国奉献的精神。禤氏家训以“诗书继世、勤劳节俭、忠孝传家、为国忠诚”为要义，世代传承家国情怀。明代南雄府保昌县人禤明德自幼秉承家风，《南雄府志》载其“生性至孝”。洪武十八年（1385），禤明德经举荐入国子监深造，开启仕途。初任江西分宜、湖南龙阳、浙江海宁三县县丞，所到之处皆有治绩，尤

以“善理赋税、明断讼案”著称。累迁至安徽宁国知府后，他秉持“以德化民”理念，废除严苛刑律，推行宽仁政策。面对郡中积年欠税难题，他简化税制、体恤民生，百姓不用督促就主动纳税。禤明德任内因受案件牵连贬为刑部主事，却能恪尽职守，后转任浙江绍兴通判，以“摧抑豪强，扶植单弱”为政纲，整治漕运积弊，清理冤狱，兴修水利，深得民心。在他离任时，绍兴百姓“留靴寄思”，以表爱戴。

禤氏子孙以家训为矩，将家国情怀融入血脉。中国共产党早期革命者，广东恩平人禤荣，一生以家训“做一个有益于国家、有益于社会、有益于人民的人”为信念，为党和人民解放事业奋斗的光辉一生。1926年，他领导成立恩平首个农民协会——长安农会，点燃五邑地区农民运动的星火。他投身工人运动，参与省港大罢工与广州起义，展现无产阶级先锋的担当。1938年抗日期间，禤荣受命护送白求恩来华抗日。他与八路军驻香港办事处负责人廖承志配合，机智化解日本特务对白求恩的追捕，成功帮助白求恩安全离开香港。禤荣功勋卓著却淡泊名利，他体内两颗未取出的子弹伴随一生，成为无声的“荣誉勋章”；身居要职仍勤恳谦和，以行动诠释“恩平三老”的革命风骨。

一千多年来，禤氏子孙恪守祖训，将个人命运与国家兴亡紧密相连，守土安民，维护南疆边境。以天下为公的事迹为家族树立典范，让“有益于国家、社会、人民”的精神跨越血缘，成为激励后人的精神火炬。

家训

处世良规克勤克俭，治家良策唯读唯耕。

——怀集禤氏家训

廉箴

做一个有益于国家、有益于社会、有益于人民的人。

——禤荣

薛

忠义传世
崇文尚德

郡望： 河东郡、新蔡郡、沛郡、高平郡

堂号： 忠谏堂、崇礼堂、慎德堂、三凤堂、河东堂、新蔡堂、沛国堂、高平堂

廉洁人物： 薛崇誉

薛姓起源可追溯至上古时期，夏朝车正奚仲为黄帝之子禺阳的十二世孙，相传为车的发明者。因功封于薛国（今山东滕州），后裔以国为氏，尊称薛姓，并尊奚仲为薛姓的得姓始祖。广东薛氏为唐末中原移民，从赣、闽逾岭到南雄，后又经浈水、北江南抵珠三角以及兴宁、梅州。

薛氏堂联集中体现了“忠义传世、崇文尚德”的家训精神。如“三箭定天下”直指“忠义”内核，赞扬“忠勇报国”的唐代大将薛仁贵；“鼎铛重望”诠释“尚德”风范，讲述了唐代勤政垂范的典范、治水名臣薛大鼎；“三凤媲美”彰显“崇文”底蕴，称颂以才华著称的唐太子舍人薛无敬。薛氏族人以文治武功立身，以廉正仁厚传家的风骨传承千年。

薛崇誉，韶州曲江人。他自幼饱读诗书，尤精《孙子》韬略与《五曹算经》数术，又善书法，云门寺碑刻“大汉韶州云门山光泰禅院故匡真大师实性碑并序”就是薛崇誉书写的。薛崇誉在五代南汉时期为官，官至开府议同司答书点校检司事。刘晟在位时，他任内门使兼太仓使，掌禁宫出入管理兼国家粮仓管理长官。刘晟去世后，刘鋹继位，薛崇誉才能出众，被升为内中尉、特进、开府仪同三司、佥书点检司事，享受三公待遇。南汉朝局日渐衰落，薛崇誉却愈加勤勉。他有谋有略，在任时廉洁奉公，恪尽职守，政绩卓著，在当时享有很高声誉。然后主刘鋹无能，沉迷享乐，重用奸臣，南汉摇摇欲坠。北宋开宝四年（971），宋军攻克广州，薛崇誉和众臣认为，“北军之来，利吾国中珍宝耳，今尽焚之，使得空城，必不能久驻，当自还也”。于是纵火焚烧府库、宫殿，一夕皆尽。几日后，刘鋹素服出降，薛崇誉也被敌军俘去。宋军想方设法劝薛崇誉投降，但薛崇誉凛然拒绝，宁死不屈，最后被执送汴梁，慷慨赴义。薛崇誉焚仓护民守大义，拒降死节全忠魂，其烈骨忠肝，是薛氏族人忠廉家风的生动诠释。

“宗人秉德孝节义，承仁礼智信……以成家训，规范子孙”，薛氏家训家规字字珠玑，既包括治家、事亲、教子、稼穑，也包括出仕、从军、为人、处事，体现了敬老孝亲、报国兴家、和友睦邻的优良家风。一代代薛氏后裔秉承祖训，在各自的行业中恪守着清白做人的准则，传承家风，报效祖国。

家训

耕者以勤俭为本，读者以勉力为先。

——南雄薛氏家训

廉箴

读书志在圣贤，非徒科第；为官心存君国，岂计身家？

——明·薛瑄

霍

名儒硕学
节烈忠孝

郡望：太原郡、河东郡、蜀郡

堂号：太原堂、河东堂、霍州堂、蜀郡堂

廉洁人物：霍韬、霍子衡

霍姓起源于姬姓。周文王第六子叔处，是周武王的同母兄弟。武王即位后，将叔处封于霍地（今山西霍州南部），建立了霍国，叔处因此被称为霍叔。到了周成王时期，霍叔与管叔、蔡叔联合武庚发动叛乱，失败后被贬为庶人，其子继承霍君之位。霍国在周惠王十六年（前661）被晋献公所灭，霍君的后代便以国名为姓。宋代时，霍氏先祖从山西迁至粤北南雄珠玑巷，随后又南下至佛山。迁徙的原因多为躲避北方战乱，也有少数人是南下为官或经商。

佛山市禅城区石湾镇街道石头村的霍氏宗祠始建于明嘉靖四年（1525），是一座由四座建筑并列组成的大型建筑群，气势恢宏，庄重肃穆。宗祠头进天井处建有一座四柱三间的冲天式石牌坊，正反面分别刻有“忠孝节烈之家”和“硕辅名儒”的题字。据《石头霍氏族谱》记载，这座宗祠由六世孙霍韬创建。霍韬一生勤奋好学，为人正直。在“大礼朝议”之争中，他引经据典，义正词严，力排众议，最终使嘉靖帝采纳了他的主张。嘉靖七年（1528）六月，世宗破格任命他为礼部尚书，但霍韬上书辞让，表示自己曾发誓不因大礼议定而接受加官，以免后人误解议礼大臣为谋私利之人。经过多次推辞，世宗最终同意了他的请求。

霍韬在家乡广建书院，撰写家训，弘扬忠孝节义，深受百姓赞誉。他的后代也深受其影响，传承了做人做事的道理。霍韬的玄孙霍子衡是明万历举人，曾任南明太仆卿，以清正廉洁著称。清顺治四年（1647），清兵攻入广州，霍子衡宁死不降，挥笔写下“忠孝节烈之家”六字悬于中堂，随后投井自尽。其一家十口皆以忠烈闻名，震动顺治帝，被赐予厚葬，并赐“满门忠烈”匾额，成为忠孝节烈的典范，被誉为“一门十忠孝，两代四乡贤”。

每年的农历三月初六，族人都会相约到祠堂里相聚，规模或大或小，缅怀先人，教导后辈。村庆的时候，全国各地和海外的霍氏子孙回家乡庆祝。重阳时节，霍氏族人都会在霍氏宗祠举行隆重的祭拜仪式，而后由睦敬堂舞狮队领舞，担起大烧猪等祭品，前往霍氏家族墓拜祭、祈福。敦崇道德、居官廉勤的霍氏家训，不断告诫着后人回望过去，向前人学习，提升自己。

家训

心正则聪明。故能正其心，虽愚必明，虽塞必聪；不能正其心，虽明必愚，虽聪必塞。正心之极，聪明天出，士而贤，贤而圣，虽资下愚，亦为善士。

——南海霍渭厓家训

廉箴

古人穷达岂身谋，大舜也陪鹿豕游。
突见夷齐对汤武，错描箕颍高巢由。
若知饥溺共天下，肯控崔嵬兀敝裘。
后世只看名利重，却安渠渎逊清流。

——明·霍韬《重过钓台二首（其一）》

戴

经纶济世
为吏清明

郡望：谯国郡、广陵郡、清河郡

堂号：谯国堂、广陵堂、清河堂、独步堂

廉洁人物：戴佩

戴姓历史悠久，一说源于子姓。相传，周公旦在平定“管、蔡、霍三监之乱”后，封商纣王之庶兄微子启（子姓）于商的旧都商丘，建立宋国，宋国司空逝世后谥号为“戴子武公”，其子孙遂以谥号“戴”为氏。戴姓发源于河南，唐宋时期，其后裔播迁到福建、广东、台湾等地。在广东地区，戴姓主要分布在韶关、潮州等地。

戴姓家风清正，历代德才兼重，涌现了不少明贤志士。戴姓宗祠多以贤士入联，如“九灵隐士，五女练裳”颂博通经史的戴良，“破琴示节，学礼删文”称戴逵的高风亮节与汉朝大儒戴德、戴圣，“峻节山高，逸情霞举”赞戴逵、戴颙的不屈权贵，“一经传旧德，五世振儒风”叹正直担当的戴凭、戴元益……在粤北围楼的古韵中，也传唱着始兴戴氏名吏戴佩的一段佳话。戴佩，字鹭序，清初南雄府始兴县心田村人。戴佩父亲戴元勋是当时始兴的训导，治学严谨，教学有方，为戴佩树立了重教典范。因此戴佩自幼勤奋学习，在其父亲的教导下，练就了一手好文采，尤其擅长写文章。清康熙十七年（1678），他由廪生考中经魁，担任韶州教授，后升任四川平山知县。刚任职，他的才干谋略就显露了出来：平息当地多起事端，让百姓生活安宁；重修政令，政务简约，刑罚清明，大大提高了行政效率；爱才惜才，尤其扶持士人，体恤孤寒之人。当他听说樊泽达是邻县的生员，家境贫寒，但爱好学习时，很是器重他，还拿出自己的俸禄资助他学习，连樊泽达乡试、会试的盘缠都是他给的。樊泽达对戴佩的帮助感激不尽，官至翰林到广东督学时，还不忘对当地人士称赞戴佩的高尚德行。

戴佩爱民如子，政绩卓异，被举荐征召入京时，士民舍不得他离开，拦路挽留，留下他的靴子。戴佩后来升任户部江南主事，却在任上劳累去世，朝廷追念他尽心为民，特许归葬故里，满、汉士大夫皆撰写祭文以表哀思。

“端身范，孝父母，和兄弟，敬长上，睦宗族，惠邻里，信朋友，恤孤寡，慎婚姻，教子孙。”正是戴氏的清正家风，培育了一代又一代有责任担当的戴姓后人，不断为社会发展贡献力量。在今天，这套熔铸着“修身齐家”智慧的家训体系，仍为构建孝老爱亲、睦邻友善的现代社会提供着汩汩活水。

家训

孝父母、敬长上、友兄弟、慈孤幼、端闺化、敦族好、谨交友、戒谋夺、教子弟、慎言语、敦实行、存仁让、循礼曲。

——南雄、始兴谯国堂戴氏家规

廉箴

法者，国家所以布大信于天下；言者，当时喜怒之所发耳。

——唐·戴胄